LE
PSITTACISME

ET LA

PENSÉE SYMBOLIQUE

PSYCHOLOGIE DU NOMINALISME

PAR

L. DUGAS

Agrégé de philosophie, Docteur ès lettres

PARIS

ANCIENNE LIBRAIRIE GERMER BAILLIÈRE ET Cⁱᵉ

FÉLIX ALCAN, ÉDITEUR

108, BOULEVARD SAINT-GERMAIN, 108

—

1895

8.R

LE PSITTACISME

ET

LA PENSÉE SYMBOLIQUE

LE
PSITTACISME

ET LA

PENSÉE SYMBOLIQUE

PSYCHOLOGIE DU NOMINALISME

PAR

L. DUGAS

Agrégé de philosophie, Docteur ès lettres

PARIS

ANCIENNE LIBRAIRIE GERMER BAILLIÈRE ET Cⁱᵉ

FÉLIX ALCAN, ÉDITEUR

108, BOULEVARD SAINT-GERMAIN, 108

—

1896

A M. J. DE CROZALS

HOMMAGE DE RECONNAISSANCE ET DE VIVE AFFECTION

L. D.

LE
PSITTACISME

LIVRE PREMIER

DU PSITTACISME

CHAPITRE PREMIER

DÉFINITION DU PSITTACISME. — PLAN ET DIVISIONS
DU LIVRE.

Depuis Leibniz, le terme de *psittacisme* (langage
de perroquet) est consacré dans la langue philosophique pour désigner l'emploi de mots vides de
sens (1). Ce terme ne manque pas d'équivalents

(1) En fait, Leibniz n'est pas le premier qui ait signalé
l'existence de la pensée verbale et établi un rapprochement entre cette pensée et le langage du perroquet. Cardan
(1501-1570), dans le traité *De la Subtilité et subtiles inventions*,
traduction de Richard le Blanc (Rouen, 1642), paraphrasant
un des problèmes de la collection qui porte le nom
d'Aristote (l. XI, probl. 27), pose qu'il n'y a pas toujours
simultanéité entre l'apparition du langage et celle de la

dans la langue vulgaire, comme *verbiage, fatras, galimatias, jargon, logomachie,* etc. Mais, si rien n'est peut-être plus ordinaire à l'homme que de parler en l'air ou pour ne rien dire (χενολογεῖν), rien pourtant n'est plus contraire à sa nature et ne doit lui paraître plus humiliant pour lui-même et plus inexplicable en soi. Aussi, n'était l'exemple du perroquet, qui parle, sans l'entendre, le langage humain, aurions-nous quelque peine à concevoir qu'il nous arrive à nous-mêmes d'employer des mots que nous n'entendons pas. Le langage sans pensée semble une absurdité si grande que, quoique les hommes s'en montrent capables, on

pensée, et que, si la pensée précède d'ordinaire la parole, la parole peut cependant quelquefois être antérieure à la pensée. « Et, si la force de la langue, ajoute-t-il, est parfaite premier que l'intelligence, veu que l'homme est de nature p. ...paré et ordonné à parler, *qui empêche qu'il ne réfère choses ouyes ou entendues, comme la pie et le pape gay, ou perroquet, dit Psittacus ?* » (Cité par Egger : *Observations et réflexions sur le développement de l'intelligence et du langage chez les enfants,* 5e édit., Paris, Picard, 1887, p. 26, note 1.) Mais on sait « combien il y a de différence entre écrire un mot à l'aventure, sans y faire une réflexion plus longue et plus étendue, et apercevoir dans ce mot une suite admirable de conséquences ». (Pascal.) Si Cardan a trouvé le mot ou, plus exactement, la comparaison d'où est sorti le mot psittacisme, c'est Leibniz qui a fait ressortir le premier l'étendue et l'importance de la pensée verbale, qui en a fondé la théorie et qui, par suite, a donné au mot psittacisme sa valeur.

l'appelle *psittacisme,* *ânerie* ou *bêtise,* comme
pour faire croire qu'il est la caractéristique et ne
peut être que l'effet de la stupidité animale (1).

Mais il est aisé de comprendre, par analogie,
comment l'homme peut être, à sa manière, un
perroquet. Le perroquet a l'oreille assez juste et
la voix assez souple pour reproduire les sons de la
voix humaine ; mais ces sons restent pour lui des
sons, *flatus vocis.* De même, tel homme est capable
de retenir et de répéter les paroles d'un autre,
alors qu'il n'en saisit pas le sens. La distance

(1) On nous dispensera de faire la psychologie du perroquet. Ce serait une question de savoir si le perroquet
ignore d'une façon absolue le sens des mots qu'il emprunte au langage humain, et n'attache pas un sens quelconque à ces mots. Il lui arrive de les appliquer parfois
avec tant d'à-propos qu'on se prend à douter, comme
pour tant de mots d'enfants, s'il n'y a là vraiment qu'une
rencontre heureuse. Dans les bons mots de perroquets,
si amusants qu'ils soient (V. Romanes, *l'Intelligence des*
animaux, trad. franç., t. II, pp. 26 et suiv.), nous ne voyons,
pour notre part, qu'un semblant d'intelligence, dont les
lois d'association suffisent à rendre compte. Mais, quand
l'opinion contraire serait vraie, nous nous croirions pourtant autorisés par l'usage à employer le mot psittacisme
pour désigner un langage sans pensée. Ce mot est pour
nous un terme de comparaison, et rien de plus. Il n'est
pas nécessaire à notre thèse que le perroquet soit inintel-
ligent, il suffit qu'on le juge tel et que, conformément à
ce jugement, on appelle perroquet tout animal jaseur,
homme ou oiseau, qui parle et ne pense point, ou qui
parle plus qu'il ne pense.

intellectuelle d'un homme à l'autre n'est-elle pas,
ou peu s'en faut, accidentellement aussi grande
que l'est naturellement celle d'un perroquet à un
homme ? Qu'une personne emprunte à une autre
son langage, sans entrer dans sa pensée, elle sera,
à l'égard de cette autre, un perroquet.

En outre, la pensée est une parole intérieure.
Dès lors, comme on parle la langue d'autrui sans
l'entendre, on parlera, sans l'entendre davantage,
cette langue qu'on se parle à soi-même. On sera
dupe des mots qu'on emploie, des phrases qu'on
invente, et non pas seulement de celles qu'on
répète. A côté du psittacisme qui consiste à ne pas
entendre les autres, il y a donc celui qui consiste
à ne pas s'entendre soi-même.

On se propose de rechercher pour quelles
causes et de quelle manière un langage, d'abord
intelligible, dégénère en psittacisme. Mais l'étude
du psittacisme ne serait pas complète si on ne
remontait jusqu'à l'opération logique dont il est
la déformation et l'abus. On ne décrit une erreur
que pour dégager « l'âme de vérité » qu'elle renferme. On n'étudie la maladie que pour mieux pénétrer la nature et établir les conditions de la
santé. Le psittacisme est le grossissement, ou
mieux la caricature et la charge d'un fait psychologique normal, que Leibniz appelle « la pensée

aveugle ou symbolique ». C'est à cette pensée verbale qu'on veut surtout en venir ; on en prouvera la réalité, on en indiquera l'importance, et on en déterminera les lois.

Si on désigne sous le nom général de psittacisme la substitution du langage à la pensée, on devra distinguer le *psittacisme illogique*, ou langage qui se substitue indûment à la pensée, et le *psittacisme logique*, ou langage qui remplit d'une façon régulière et normale les fonctions de la pensée.

Il est peut-être paradoxal de donner le même nom à un emploi légitime et à un abus des mots. Nous adoptons, néanmoins, dans les deux cas le terme du *psittacisme*, non par amour du paradoxe, mais par besoin de franchise : ce terme exprime bien en effet notre opinion dernière, qui est que « la pensée symbolique » de Leibniz n'est pas proprement une pensée, encore qu'elle soit conforme aux lois logiques et convertible en pensée. De même que la distinction platonicienne de l'appétit irascible et concupiscible, valable en morale, est, comme l'a pensé Aristote, en psychologie, sans fondement, celle du psittacisme abusif et légitime est ou nous a paru psychologiquement négligeable.

CHAPITRE II

DU PSITTACISME QUI CONSISTE : 1° A NE « S'ENTENDRE
NI AULTRUY » (MONTAIGNE) ; 2° A NE PAS ENTENDRE
LES AUTRES ».

Toute conversation suppose que les mots employés ont un sens et le même sens pour celui qui
parle et celui qui écoute. Or, en fait, il arrive :
1° que les mots n'ont pas de sens, soit pour l'un
des interlocuteurs, soit même pour les deux ;
2° qu'ayant un sens, ils n'ont pas le même pour
les deux interlocuteurs.

I

Le cas extrême où les mots n'ont de sens pour
aucun des interlocuteurs est paradoxal, difficile à
concevoir, et pourtant réel. Montaigne en rapporte un exemple plaisant : « J'ai vu chez moi,
« dit-il, un vieil ami, par manière de passe-temps,

« ayant affaire à un de ceux-ci (les pédants), con-
« trefaire un jargon de galimatias, propos sans
« suite, tissu de pièces rapportées, sauf qu'il était
« souvent entrelardé de mots propres à leur dis-
« pute, amuser ainsi tout un jour ce sot à débattre,
« pensant toujours répondre aux objections qu'on
« lui faisait ; et si, était homme de lettres et de
« réputation, et qui avait une belle robe (1). » On
connaît la boutade de Voltaire : Parler de ce
qu'on n'entend pas à quelqu'un qui ne vous entend
pas davantage, c'est faire de la métaphysique. Le
même Voltaire distinguait le *galimatias simple* et
le *galimatias double*, l'un qui consiste à s'entendre
soi-même, sans pouvoi   se faire entendre, l'autre
à ne pas plus s'entendre qu'on n'est entendu (2).

II

Si le galimatias double paraît une absurdité
trop forte, une pure extravagance ; si on peut le
constater sans y croire, le galimatias simple, au
contraire, est un fait si banal, qu'il ne paraît pas

(1) *Essais*, l. I, ch. XXIV.
(2) « Qui regardera de bien près à ce genre de gens
(les pédants), il verra comme moi, dit aussi Montaigne,
que le plus souvent ils ne *s'entendent ni aultruy*, et qu'ils
ont la souvenance assez pleine, mais le jugement entièrement creux (*loc. cit.*). »

choquant et peut passer inaperçu. Encore peut-
être éprouve-t-on du dépit à ne pas être entendu,
mais on se résigne fort bien à ne pas entendre les
autres : on ne prend pas la peine d'entrer dans
leurs pensées ; on se contente de répéter leurs
mots et leurs phrases. « On n'est quelquefois, dit
« Leibniz, que le truchement des pensées ou le
« porteur de la parole d'autrui, tout comme serait
« une lettre, et même on l'est plus souvent qu'on
« ne pense (1). » — « Nous prenons en garde, dit
« encore Montaigne, les opinions et le savoir d'au-
« trui ; puis, c'est tout (2). » Parce qu'on repro-
duit les paroles des autres, on croit saisir les pensées qu'expriment ces paroles. C'est comme si l'on
croyait qu'on peut recevoir du dehors la science
toute faite, sans avoir à l'acquérir par son travail
et à la faire sienne.

Le psittacisme est une sorte de fétichisme. On
a cru longtemps à la puissance magique des mots
et des formules pour chasser les maladies (3). On

(1) *Nouveaux Essais*, III, ii.

(2) *Essais*, I, xxiv.

(3)   *Sunt verba et voces, quibus hunc lenire dolorem*
        Possis.

dit Horace. Voir des exemples de ces formules magiques
dans Bersot (*Mesmer et le Magnétisme animal*, Hachette,
4ᵉ édit., p. 218), dans Berger (*Histoire de l'éloquence latine*,
Hachette, 2ᵉ vol., II, p. 82).

a cessé sans doute de leur attribuer une telle vertu,
mais on n'a pas cessé de croire qu'ils en possèdent
une autre tout aussi merveilleuse : celle de recéler
la pensée et de la porter dans les esprits. De là une
foi aveugle en la science conçue comme un for-
mulaire magique. On oublie que la science n'opère
pas par elle-même, n'existe pas en elle-même,
qu'elle suppose un esprit capable de la recevoir,
« car elle n'est pas pour donner jour à l'âme qui
« n'en a point, ni pour faire voir un aveugle ; son
« métier est, non de lui fournir de vue, mais de la
« lui dresser... Comme dit ce vers grec :

ʿΩς οὐδὲν ἡ μάθησις, ἢν μὴ νοῦς παρῇ

A quoi faire la science, si l'entendement n'y est? »(1)

On doit étendre à tous les livres ce que Rabelais
dit du sien : ce sont boîtes qu'il faut ouvrir pour
voir ce qui y est contenu ; ce sont os qu'il faut
« rompre » pour en « sucer la substantifique
mouelle ». La science n'est pas dans la langue qui
l'exprime ; elle est dans l'esprit qui en trouve ou
qui en interprète les formules.

Le psittacisme est une des formes, à savoir la
plus paradoxale et la plus outrée, de la foi ou
croyance aveugle. La foi, en général, c'est le renon-
cement à la raison et la soumission de l'esprit à

(1) Montaigne, *Essais*, I, XXIV.

1.

une autorité étrangère. Cette soumission peut être
en certains cas raisonnée et sage; elle s'appelle
alors docilité, acceptation d'une autorité, reconnue
intelligente et sûre. L'autorité qu'on accorde aux
personnes se justifie à quelque degré, les personnes étant par nature raisonnables et méritant,
à ce titre, d'être crues; celle qu'on accorde aux
paroles est encore fondée, tant que derrière la parole on aperçoit ou croit apercevoir la raison qui
les dicte; mais, quand on fait crédit à des paroles
qu'on n'entend pas, soit en faveur des personnes
qui les prononcent, soit même sur la bonne opinion qu'on a du langage en général, et particulièrement du texte écrit, on verse alors dans la
superstition, et la forme la plus grossière de la
superstition est, à coup sûr, l'idolâtrie verbale.

Déjà la foi en elle-même est une abdication de
la raison. Elle est un succédané de la pensée, elle
n'est pas une pensée proprement dite. Elle est sur
les lèvres ou dans les actes, elle n'est point dans
l'esprit. Toute connaissance que nous recevons
des autres et que nous ne faisons point nôtre,
rentre dans le psittacisme : c'est un tissu de paroles vaines, apprises et non comprises. Telle est
la « science livresque » dont parle Montaigne,
science qui « se loge en la tête par simple autorité
et à crédit », et qui « nage en la superficie de la

cervelle ». C'est ainsi que l'esprit peut rester en dehors de la religion et de la science, tout en professant l'une et l'autre. « Il est vrai, dit Leibniz, qu'on prétend de désigner bien souvent ce que d'autres pensent plutôt que ce qu'on pense de son chef, comme il n'arrive que trop aux laïques, dont la foi est implicite (1). » De là, l'irréligion réelle de tant de prétendus croyants. « Une incrédulité occulte règne dans le fond des âmes. » De même la science véritable est étrangère aux pédants qui en parlent la langue. « Ceux qui ont ainsi les termes sans idées, dit Locke, sont comme ceux qui ne connaîtraient que des titres d'ouvrages. »

Se soumettre à l'autorité, c'est se dispenser d'entrer dans les raisons des autres, et dispenser les autres de donner leurs raisons. Le maître a parlé, il suffit. *Ipse dixit!* Bien plus, après avoir fait crédit au maître, on fait crédit à sa parole. Non seulement on ne lui demande pas de justifier ce qu'il dit, mais encore on ne demande pas que ce qu'il dit dise vraiment quelque chose. On répète de confiance ses paroles; on admet de confiance qu'elles sont vraies, sans en contrôler la vérité, et on admet de confiance qu'elles ont un sens, sans chercher à pénétrer ce sens. Souvent nous pro-

(1) Leibniz, *Nouveaux Essais*, III, II, § 2.

nonçons des paroles que nous n'entendons pas,
mais nous nous rassurons sur ce que ces paroles
seront entendues par d'autres, à la raison desquels
nous faisons ainsi appel, quand nous ne comptons
plus sur la nôtre ; et, de même que nous nous en
remettons à autrui de ce qui regarde l'opinion ou
la science, nous chargeons en quelque sorte les
mots de penser à notre place, ne comprenant pas
que la pensée est une fonction qui ne saurait être
déléguée par un esprit à d'autres, et est encore
moins une fonction dont l'exécution intelligente
puisse être confiée au mécanisme aveugle des mots.

Le psittacisme témoigne d'une extrême défiance
à l'égard de la raison et d'une foi exagérée en la
puissance du langage. Il consiste à croire que les
pensées peuvent se transmettre d'un esprit à
l'autre par la seule vertu des mots. En réalité,
nous n'avons qu'un moyen de nous assimiler les
idées et les opinions des autres, c'est de passer par
l'expérience qui les a instruits, c'est de refaire
nous-mêmes les raisonnements qui ont porté la
conviction en eux. Nous nous flattons en vain
d'arriver à la science par une voie plus courte : la
connaissance, qu'on croirait acquérir par le secours des mots, serait apparente et non réelle.
Sous ce rapport, le psittacisme rappelle la forme
la plus grossière du mysticisme, la théurgie. Pour

les grands mystiques, Platon, Plotin et Porphyre, la vertu et la science sont les seuls degrés pour s'élever à Dieu. Mais la dialectique nous rapproche de Dieu sans nous unir à lui. Le mysticisme, visant à rendre l'union avec Dieu plus immédiate et plus complète, aboutit à la théurgie : on « attire Dieu jusqu'à soi par certaines paroles et par des pratiques mystérieuses ». Le *Moyen court* est le titre significatif d'un ouvrage mystique du xviie siècle. « On est impatient de voir Dieu ; on veut arriver vite, et sans qu'il en coûte trop, à la contemplation béatifiante (1). » Au lieu de suivre, pour parvenir à la vie divine, l'initiation lente et progressive de la dialectique, on prend la voie courte et directe de la théurgie. De même on se flatte d'arriver à la science d'emblée par la seule évocation des mots qui composent le vocabulaire de la science.

En ce qui regarde le psittacisme, la paresse d'esprit est en un sens d'autant moins dangereuse qu'elle est plus complète. En effet, s'il est absurde de ne pas aller des mots aux choses, on ne commet toutefois, tant qu'on reste dans le formalisme pur, d'autre erreur que celle, à vrai dire énorme, de croire que les mots équivalent à la connais-

---

(1) J. Denis, *Histoire des idées et des théories morales dans l'antiquité*, 2e édit., Thorin, t. II, pp. 359, 376.

sance des choses. Le tort est peut-être moindre
que d'employer les mots à la légère, de les interpréter à faux et, quand on en ignore le sens, de
leur en forger un de toutes pièces. Rousseau dit
fort bien, en parlant de l'éducation, que « le mal
n'est pas dans ce que l'enfant n'entend point, mais
dans ce qu'il croit entendre (1) ».

III

Veut-on savoir si les mots que nous employons
sont pour nous des mots, et rien de plus ? Il faut
examiner l'emploi que nous en faisons. Une connaissance sera dite apparente ou verbale, si nous
n'en faisons aucun usage, ou si l'usage que nous
en faisons est malencontreux, hors de propos et
vain. Le non-sens ou le contresens, voilà l'écueil
du psittacisme : il n'évite l'un que pour tomber
dans l'autre.

Il ne faut pas conclure de l'emploi des mots à la
connaissance de leur sens. Ce serait prendre les
pédants pour des savants, quand ils ne sont que
des perroquets.

Il leur échappe, dit Montaigne, de belles paroles,
mais qu'un autre les accommode ; ils connaissent

(1) Rousseau, *Emile*, l. III.

bien Galien, mais nullement le malade ; ils vous ont déjà rempli la tête de lois, et si n'ont encore conçu le nœud de la cause ; ils savent la théorique de toutes choses, cherchez qui la mette en pratique (1).

Le psittacisme n'apparaît pas non plus à première vue. On peut parler à propos et penser de travers. La conversation a pour les sots des hasards heureux.

La plupart des hommes sont riches d'une suffisance étrangère ; il peut bien advenir à tel de dire un beau traict, une bonne réponse et sentence, et la mettre en avant sans en cognoistre la force. Que l'on ne tient pas tout ce qu'on emprunte, à l'adventure se pourra-t-il vérifier par moy-mesme. Il n'y fault point toujours céder, quelque vérité ou beauté qu'elle ayt... J'oys journellement dire à des sots des mots non sots ; ils disent une bonne chose : sçachons jusques où ils la cognoissent ; voyons par où ils la tiennent (2).

Ainsi, on peut être dupe des apparences du langage. L'emploi heureux des mots ne prouve pas toujours la justesse des pensées. Mais, si c'est le hasard seul qui produit l'accord de la pensée et des mots, comme il est dans la nature du hasard de ne pas se maintenir, à la première occasion cet accord va se rompre, et le psittacisme se

(1) *Essais*, I, XXIV.
(2) *Ibid.*, III, VIII.

trahira. La plupart du temps on n'a pas à percer à
jour la sottise ; elle se dénonce elle-même. Restons
en défiance, dit Montaigne, à l'égard des beaux
parleurs ; laissons-les suivre leur propos.

Vous leur prestez la main ; à quoy faire ? ils ne
vous en savent nul gré, et en demeurent plus
ineptes ; ne les secondez pas, laissez-les aller ; ils
manieront cette matière comme gents qui ont peur
de s'échauder ; ils n'osent luy changer d'assiette et
de jour, ny l'enfoncer ; crouslez-la tant soit peu ;
elle leur échappe ; ils vous la quittent, toute forte et
belle qu'elle est : ce sont belles armes ; mais elles
sont mal emmanchées. Combien de fois en ai-je veu
l'expérience ? Or, si vous venez à les esclaircir et
confirmer, ils vous saisissent et desrobent inconti-
nent cet avantage de vostre interprétation : « C'était
ce que je voulais dire : voylà justement ma conception ; si je ne l'ay ainsi exprimée, ce n'est que faute
de langue. » Souflez. Il faut employer la malice
mesme à corriger cette fière bestise. Le dogme d'Hé-
gésias « qu'il ne fault ny haïr ny accuser, ains instruire », a de la raison ailleurs ; mais ici c'est injus-
tice et inhumanité de secourir et redresser celuy qui
n'en a que faire, et qui en vaut moins. J'aime à les
laisser embourber et empestrer encore plus qu'ils
ne sont, et si avant, s'il est possible, qu'enfin ils se
recognoissent (1).

Toutefois, pour découvrir le jeu des psittaci-
sants, il ne suffit pas de les voir venir, de les lais-

_____

(1) *Essais*, III, viii.

ser s'enferrer. Il en est qui savent ne pas se trahir, se dérobant à l'examen, évitant de s'expliquer, éludant les questions. Il faut les presser, les harceler, piquer leur amour-propre, leur tendre des pièges. Ils ont l'habitude de marcher à tâtons dans l'obscurité. Ils se meuvent comme dans un brouillard d'idées vagues et flottantes. Les phrases toutes faites, les clichés de la conversation, les jugements universels, ces « selles à tous chevaux » leur sont particulièrement commodes pour masquer leur ignorance. Qu'on ne leur permette pas de se sauver par là.

S'ils jugent en paroles universelles : « Cecy est bon, cela ne l'est pas », et qu'ils rencontrent, voyez si c'est la fortune qui rencontre pour eux ; qu'ils circonscrivent et restreignent un peu leur sentence : pour quoy c'est ; par où c'est. Ces jugements universels, que je vois si ordinaires, ne disent rien ; ce sont gents qui saluent tout un peuple en foule et en troupe ; ceux qui en ont une vraie cognoissance, le saluent et remarquent nomméement et particulièrement ; mais c'est une hazardeuse entreprise : d'où j'ay veu, plus souvent que touts les jours, advenir que les esprits faiblement fondés, voulant faire les ingénieux à remarquer en la lecture de quelque ouvrage le poinct de la beauté, arrestent leur admiration d'un si mauvais choix, qu'au lieu de nous apprendre l'excellence de l'auteur, ils nous apprennent leur propre ignorance. Cette exclamation est seure : « Voilà qui est beau, » ayant ouï une entière

page de Virgile; par là se sauvent les fins; mais
d'entreprendre à le suyvre par espaulettes, et, de
jugement exprès et tiré, vouloir remarquer par où
un bon auteur se surmonte, poisant les mots, les
phrases, les inventions, et ses diverses vertus l'une
après l'autre : ostez-vous de là : *Videndum est, non
modo quid quisque loquatur, sed etiam quid quisque
sentiat, atque etiam qua de causa quisque sentiat* (1).

Pascal dira, après Montaigne, et d'après lui,
comment, si l'on applique à la plupart de ceux
qui parlent la méthode interrogative de Socrate,
on arrive à se convaincre qu'ils ne savent ce qu'ils
disent, par la facilité avec laquelle on fait dévier
leur pensée.

Il ne faut pas juger de la capacité d'un homme
par l'excellence d'un bon mot qu'on lui entend dire ;
mais, au lieu d'étendre l'admiration d'un bon discours à la personne, qu'on pénètre, dit Montaigne,
l'esprit d'où il sort; qu'on tente s'il le tient de sa
mémoire ou d'un heureux hasard; qu'on le reçoive
avec froideur et avec mépris, afin de voir s'il ressen-
tira qu'on ne donne pas à ce qu'il dit l'estime que
son prix mérite; on verra le plus souvent qu'on le
lui fera désavouer sur l'heure, et qu'on le tirera
bien loin de cette pensée, meilleure qu'il ne croit,
pour le jeter dans une autre, toute basse et ridicule.
Il faut donc sonder comme toute pensée est logée en
son auteur, comment, par où, jusqu'où il la possède ;
autrement, le jugement précipité sera téméraire (2).

(1) *Essais*, III, VII.
(2) Pascal, *De l'Esprit géométrique*, 2ᵉ fragment.

En résumé, d'après Montaigne et Pascal, le cri-
térium du psittacisme, c'est l'absurdité qui apparaît dans l'usage ou l'application des mots, c'est
le contresens, c'est l'incompréhension du texte
dénoncée par l'absurdité du commentaire ou la
seule absence de commentaire. Est psittacisme
tout langage qui ne s'accompagne pas de pensée,
ou qui ne s'accorde pas avec la pensée, ou dont
l'accord avec la pensée est fortuit, momentané, est
l'effet de la mémoire et non du jugement. Il suit
de là que le psittacisme pourrait toujours être pris
en faute. Il est un usage inconsidéré des mots, et
un tel usage ne peut manquer de produire à la
longue des effets sensibles.

On peut se demander si le psittacisme n'existe
pas à un moindre degré, sous une forme qui le
rendrait impénétrable. Ne peut-il pas arriver qu'on
applique toujours bien les mots, sans pourtant
posséder d'une façon expresse les idées qui sont
sous ces mots? En réalité, telles personnes paraissent avoir le don de s'assimiler les choses juste
assez pour en parler, et donner l'illusion qu'elles
les connaissent. C'est là une partie de l'art de la
conversation, où les femmes surtout excellent.
Elles sont averties par une sorte de flair de ce
qu'elles peuvent dire et doivent taire, sans bien
savoir ce qu'elles disent et sans rien savoir de ce

qu'elles taisent, sans connaître les raisons pour lesquelles elles prennent le parti de se taire ou de parler. Leurs paroles sont justes, appropriées au sujet, et le sujet leur échappe. C'est ainsi que la jeune fille qui ignore les réalités de l'amour ne laisse pas de parler de l'amour sur le ton qui convient ; elle évite d'en prononcer le nom, ou ne le prononce qu'avec modestie et réserve. On dirait que le mot amour a pour elle un sens défini et clair, tant les sentiments que ce mot éveille en son âme sont naturels et justes, je veux dire sont ceux qu'éveillerait la connaissance de l'amour. Son innocence imite à s'y méprendre la vraie pudeur, celle qui a cessé d'être ignorante et naïve (1).

Ni le ton juste sur lequel on parle des choses, ni la convenance des termes par lesquels on les désigne, ne prouvent donc, à la rigueur, qu'on ait la connaissance des choses. Le langage est un art dont l'application empirique ne présuppose pas toujours la connaissance des règles qu'il observe. Parfois on ne saurait justifier l'emploi qu'on fait des mots, et cet emploi n'en est pas moins judicieux. On est fixé sur l'extension des termes, non sur leur compréhension ; on sait ce qu'ils « dé-

---

(1) Le délicat roman de Bourget, *Terre promise*, peut servir d'illustration et de preuve au fait psychologique que nous analysons ici.

notent », non ce qu'ils « connotent » ; on connaît
leur usage, non leur définition. Cela tient à la
manière dont nous faisons la connaissance des
mots. C'est à force de voir attribuer les mots à
une foule d'objets différents qu'on parvient à en
deviner le sens, si toutefois on y parvient ; car on
ne remarque pas toujours, on ne remarque jamais
bien exactement, et quelquefois on ne remarque
pas du tout ce que ces objets ont de commun :
ainsi « un enfant sait qui sont ses frères et ses
sœurs, longtemps avant d'avoir quelque notion de
la nature des faits impliqués dans la signification
de ces mots (1) ». La juste application des mots,
fût-elle constante, n'exclurait donc pas le psittacisme, c'est-à-dire l'ignorance de leur sens. Toutefois, le psittacisme, en pareil cas, serait atténué
et partiel. Alors qu'on ne peut attribuer au hasard
le bon emploi des mots, il faut bien en faire honneur à l'intelligence de celui qui parle, et, si cette
intelligence ne va pas au delà de l'application des
termes et n'en pénètre pas le sens, il faut dire
pourtant qu'elle entrevoit ce sens et le soupçonne
vaguement. Il y a une observation qui porte à
côté des choses, sinon sur les choses, qui les
effleure et en suit le contour ; cette observation

(1) Stuart Mill, *Logique*, I-I, ch. II, F. Alcan.

suffit pour désigner les choses, sinon pour les connaître. Employer des termes qu'on serait incapable de définir, et qu'on n'entend pas, alors qu'on
les emploie bien, c'est psittaciser sans doute. Toutefois, il faut « accorder », comme dit Leibniz, que
dans ce « cas on entend toujours quelque chose de
général, quelque sourde et vide d'intelligence que
soit la pensée. » (*Nouveaux Essais*, III, II.) Si donc
on appelle psittacisme tout langage sans pensée, il faudra distinguer le langage sans pensée
aucune, ou psittacisme proprement dit, et le langage sans pensée expresse ou distincte, mais non
pourtant absolument sans pensée. Quoi qu'en
disent les logiciens, il y a des degrés dans l'absurdité ou le non-sens ; ou plutôt l'absurdité est une
limite que peut-être, en dépit des apparences, les
esprits les plus dévoyés n'atteignent pas.

CHAPITRE III

I

Le verbalisme pur ne se rencontre guère, si même il se rencontre jamais. Il nous arrive bien plutôt d'attribuer aux mots un sens inexact que de ne leur en attacher aucun. Mais, d'autre part, on ne donne aux termes une signification fausse que faute de connaître la vraie ; le contresens cache toujours un non-sens, et ainsi rentre dans le psittacisme, dont il est un effet, pour ne pas dire une aggravation. Disons mieux : il faut élargir la signification du mot psittacisme. Quand nous sub-stituons, en parlant la langue commune, nos idées propres à celles d'autrui, c'est alors que nous ressemblons au perroquet ; car le perroquet jase, comme d'autres oiseaux chantent, pour tra-duire ses sensations ; il exprime en langage humain les exubérances de sa vie animale, ses joies, ses colères. Son ramage a un sens. Le psittacisme, au propre comme au figuré, n'est pas tant un langage dénué de sens qu'un langage à double sens. Nous pouvons donc étudier, sous le nom de psittacisme, la mésintelligence qui s'établit entre les hommes.

Par cela seul que nous ne sommes pas doués de la même intelligence, que nous ne recevons pas la même culture, que nous ne faisons pas le même usage de notre raison, et que nous ne nous livrons pas aux mêmes études, nous sommes fermés les uns aux autres, nous ne nous entendons point, ou nous nous entendons mal. C'est ce qu'établissent des faits d'expérience vulgaire.

Ainsi le langage des grandes personnes est pour les enfants lettre close. Non seulement il y a pour eux des mots inintelligibles, comme *mort*, *Dieu*, etc., mais les mots mêmes qui semblent le plus à leur portée, comme *papa*, *bébé*, etc., en passant par leur bouche, prennent des acceptions inattendues, étranges (1). Il n'y a pas non plus de

(1) V. Taine, *De l'Acquisition du langage par les Enfants*, note 1 du premier volume de l'*Intelligence*, Hachette. Cet écart entre l'intelligence de l'enfant et celle de l'homme, qui est l'écueil auquel se heurte l'éducation, a été signalé cent fois et avec force par Rousseau. En éducation, tout le mal vient de ce que nous parlons aux enfants avant qu'ils soient en état de nous comprendre. Dès le berceau,

langage commun entre deux personnes de même
âge, si l'une est ignorante et l'autre instruite.
Elles usent bien des mêmes termes, mais n'y attachent pas les mêmes idées. Ainsi l'*eau* n'est pas la

la nourrice « étourdit » l'enfant « d'une multitude de paroles inutiles auxquelles il ne comprend rien que le ton
qu'elle y met... La facilité à nous payer de mots que
nous n'entendons point commence plus tôt qu'on ne pense.
L'écolier écoute en classe le verbiage de son régent,
comme il écoutait au maillot le babil de sa nourrice. »
(*Émile*, liv. I, fin.) Non seulement l'enseignement est pré-
maturé, mais encore il roule sur des mots. Qu'apprend-
on aux enfants? « Des mots, encore des mots, et toujours
des mots. » (*Émile*, II.) On leur fait étudier, non « les
sciences de choses », mais des sciences de mots, « le bla-
son, la géographie, la chronologie, les langues, etc. ». On
n'exerce que leur mémoire « Leur cerveau lisse et poli
rend comme un miroir les objets qu'on lui présente ; rien
ne reste, rien ne pénètre. L'enfant retient les mots; les
idées se réfléchissent ; ceux qui l'écoutent les entendent,
lui seul ne les entend pas. » (*Ibid.*) L'enfant veut-il donner toutefois un sens aux mots, ce sens est à côté. « Le
« plus grand mal de la précipitation avec laquelle on fait
« parler les enfants avant l'âge n'est pas que le premier
« discours qu'on leur tient et les premiers mots qu'ils
« disent n'aient aucun sens pour eux, mais qu'ils aient
« un autre sens que le nôtre, sans que nous sachions
« nous en apercevoir: en sorte que, paraissant nous ré-
« pondre fort exactement, ils nous parlent sans nous en-
« tendre et sans que nous les entendions. » (*Émile*, I.)
La science de l'enfant est une science d'emprunt, autrement dit verbale. « Les pensées les plus brillantes peu-
« vent tomber dans le cerveau des enfants, ou plutôt les
« meilleurs mots dans leur bouche, comme les diamants
« du plus grand prix sous leurs mains, sans que pour

Dugas   2

même chose pour le vulgaire et pour le chimiste.
S'il est vrai, comme le dit Renan, que les mots du
dictionnaire de l'Académie suffisent à rendre toutes
les idées, il ne l'est pas que ces mots, appartenant
par définition à la langue commune, soient enten-

« cela ni les diamants ni les pensées leur appartiennent;
« il n'y a point de véritable propriété pour cet âge, en
« aucun genre. Les choses que dit un enfant ne sont pas
« pour lui ce qu'elles sont pour nous; il n'y joint pas les
« mêmes idées. Les idées, si tant est qu'il en ait, n'ont
« dans sa tête ni suite ni liaison; rien de fixe, rien d'as-
« suré dans tout ce qu'il pense. Un instant vous diriez :
« C'est un génie! et un instant d'après : C'est un sot!
« Vous vous tromperiez toujours : c'est un enfant ! »
(*Émile*, II). La preuve que l'enfant ne retient de tout ce
qu'on lui enseigne que des mots se tire des jugements
qu'il porte sur sa leçon. « Écoutez un petit bonhomme
« qu'on vient d'endoctriner; laissez-le jaser, questionner,
« extravaguer à son aise; et vous allez être surpris du
« tour étrange qu'ont pris vos raisonnements dans son
« esprit; il confond tout, il renverse tout; il vous impa-
« tiente, il vous désole quelquefois par des objections
« imprévues; il vous réduit à vous taire ou à le faire
« taire. » (*Émile*, II). Rousseau cite comme exemple le
sens donné par un enfant à l'histoire d'Alexandre et de
son médecin Philippe (*ibid.*). C'est à l'éducation que Rousseau, d'accord en cela avec la philosophie artificialiste
du xviiie siècle, attribue le psittacisme des enfants. Il
ressort au contraire des travaux de la psychologie contemporaine sur l'enfance (Taine, E. Egger, Pérez, etc.)
que le psittacisme se produit dans toute éducation, et
est imputable à l'esprit des enfants, lequel se montre
original et spontané dans l'acquisition du langage. Le
psittacisme est inévitable, parce qu'il a une cause naturelle, à savoir l'inégalité des esprits.

dus de tous, de la même façon et au même degré.
Les termes techniques ne représentent pas un
abus, mais une nécessité ; et, si nous avions uniquement souci de la précision, nous devrions en
étendre plutôt qu'en restreindre l'usage. Toute
pensée originale se crée une langue de toutes
pièces, ou brise et pétrit à nouveau le moule de la
langue commune. Si, « à mesure qu'on a plus
d'esprit, on découvre qu'il y a plus d'esprits originaux », on doit admettre aussi et par là même
que, sous l'apparence d'un langage commun, se
dissimulent en fait bien des langues techniques
ou spéciales (1).

Le désaccord des esprits est plus grand qu'on
ne croit par suite du « progrès inégal de la ré-

---

(1) Je trouve le fait de l'individualisme dans le langage
noté par un romancier : « Chacun de nous possède un
vocabulaire personnel et spécial, une syntaxe propre.
Nous employons certains mots auxquels nous prêtons
des significations particulières, inusitées, plus étendues
ou plus restreintes ; nous usons de tournures, d'ellipses,
d'incorrections voulues, qui disent mieux, plus vite, plus
à fond notre pensée. Aussi, à une première entrevue,
nous comprenons-nous souvent à peine les uns les
autres. Une étude préliminaire nous manque encore.
Les paroles, insuffisamment révélatrices en elles-mêmes,
n'acquièrent leur véritable valeur que si le système général auquel elles se rattachent est connu. » (J. Case,
la Volonté du bonheur, dans *la Revue bleue,* 10 octobre
1891.)

flexion » en chacun, et comme « le vocabulaire ne
« fournit pas autant de mots distincts que l'objet
« comporte de définitions progressives, le malen-
« tendu et le désaccord sont inévitables... Les
« esprits, sans voir nécessairement faux, voient
« plus ou moins profondément ; ils n'ont pas
« même la ressource de communiquer entre eux.
« Le même mot peut affecter autant de significa-
« tions différentes qu'il existe de degrés possibles
« dans l'analyse réfléchie de l'objet désigné, et
« certains mots, compris des uns, peuvent être
« tout à fait dépourvus de sens pour les autres.
« Les exemples de ce malentendu abondent dans
« toute discussion, et, pour ne signaler que ceux
« qui intéressent la philosophie, le mot *absolu* n'a
« tout son sens que pour une personne sur mille ;
« quelques savants même ne l'entendront peut-
« être jamais, et leur dédain pour l'objet lointain
« qu'il désigne se sent parfois de leur dépit de ne
« point l'entendre (1). » La tour de Babel est un
mythe profond ; le progrès des connaissances
creuse un abîme entre les hommes ; il accroît leurs
divergences ; poussé jusqu'à l'extrême, il les rendrait incompréhensibles les uns aux autres.

C'est ainsi que le maître n'est point compris de

(1) Sully Prudhomme, *la Justice*, préface.

ses disciples ou ne les comprend plus, et que l'écrivain est toujours en avance ou en retard sur son public. C'est ainsi qu'il ne paraît pas y avoir d'entente possible d'une génération à l'autre, surtout dans les milieux de civilisation active, où le progrès a vite fait de retourner entièrement le champ des idées : telle est la leçon qui se dégage du beau livre de Tourgueneff : *Pères et Enfants*.

Et, si l'écart est sensible entre la philosophie ou la science et le sens commun, entre l'intelligence d'un homme et celle d'un enfant, entre l'esprit de la génération qui vient et l'esprit de celle qui s'en va, ne doit-on pas conjecturer qu'un écart imperceptible, et pourtant réel, existe aussi entre les hommes de même âge, ayant reçu la même éducation ? « Par la raison seule qu'un homme ne res-
« semble jamais parfaitement à un autre, dit Di-
« derot, nous n'entendons jamais précisément,
« nous ne sommes jamais précisément enten-
« dus ; il y a du plus ou du moins en tout ;
« notre discours est toujours en deçà ou au delà
« de la sensation. On aperçoit bien de la diversité
« dans les jugements, il y en a mille fois davan-
« tage qu'on n'aperçoit pas, et qu'heureusement
« on ne saurait apercevoir (1). »

(1) *Rêve de d'Alembert.*

Pour prouver que quelque mésintelligence
existe toujours au fond des conversations, il suffit d'en considérer plusieurs qui se succèdent
sur un même sujet. La mésintelligence, d'abord
insensible, devient alors patente et frappe les
esprits les moins attentifs. Qu'un fait d'expérience
vulgaire soit transmis de bouche en bouche : à
mesure qu'il se répète, sa vérité s'évanouit ; il se
grossit et s'altère ; il devient à la fin méconnais-
sable (1). C'est ainsi que l'histoire se convertit en
légende. Comme la répétition ne change pas la
nature d'un acte et ne peut qu'en grossir les effets,
il faut bien que le premier récit soit déjà inintelli-
gible à quelque degré, pour que le dernier le soit
entièrement. A fortiori, s'il s'agit d'une doctrine, et
non plus d'un fait, on verra qu'elle ne peut se
communiquer sans perdre son esprit, ou sans se
vider de son contenu et s'appauvrir de son sens.
Le système philosophique le plus intelligible en

(1) Cf. La Fontaine, *les Femmes et le Secret*, et Virgile,
Fama... vires acquirit eundo. Nous tenons de M. Marion
qu'il existe dans le Luxembourg un jeu de société qui est
la démonstration piquante de cette loi. Une personne raconte à l'oreille de son voisin une histoire très simple,
que celui-ci raconte tout bas à un tiers, ce tiers à un
quatrième et ainsi de suite. Quand le récit a fait le tour
de la chambre, on compare la version primitive et la dernière glose, et on constate entre elles une divergence
souvent complète et toujours amusante.

lui-même et le plus clairement exposé, s'il se propage et s'étend, devient un recueil de formules vaines ou une doctrine nouvelle. Il n'est plus compris ou il est mal compris. C'est ainsi qu'au moyen âge tout commentaire de la philosophie d'Aristote est un ânonnement ou une pensée originale. Or la scolastique est un fait de tous les temps. Elle apparaît dans l'antiquité (1), et la Renaissance ne l'a pas plus tôt renversée qu'elle la rétablit sous une autre forme. La Renaissance en appelait du commentaire au texte, de l'antiquité défigurée et momifiée dans les gloses et manuels à l'antiquité vraie et vivante. Mais elle était elle-même une interprétation de l'antiquité, dont les siècles suivants contestèrent à leur tour la vérité. Ainsi à toutes les époques, on voit « reparaître la même exhortation qu'il faut laisser là les mots et s'attacher aux choses; on retourne contre le savoir de la Renaissance le reproche » que la Renaissance avait adressé au savoir du moyen âge; « c'est que le verbalisme est toujours aux aguets, prêt à se saisir de tout enseignement qui se complaît en lui-même. C'est l'histoire de toute instruction en général, et c'est, si nous n'y prenons garde, notre histoire à chacun de nous en particu-

---

(1) V. Janet et Séailles, *Histoire de la philosophie,* pp. 492 et suiv. et *passim,* Delagrave.

lier (1) ». Il est si bien admis que les hommes ne s'entendent jamais entièrement, et doivent à la longue ne plus s'entendre du tout, que la critique historique a posé cette règle : un témoignage mérite d'autant moins de confiance qu'il est plus indirect. On ne fait presque aucun cas de l'histoire d'un fait ou d'une doctrine qui n'est pas puisée aux sources. C'est donc que les malentendus sont inévitables, que la pensée d'un homme est toujours inadéquate à celle d'un autre.

Ainsi il faut faire la part du psittacisme dans tout échange de pensée ; mais on distinguera dans le psittacisme des degrés. Par exemple sur le psittacisme des maîtres, provenant de l'inintelligence des livres, renchérit le psittacisme de l'écolier, provenant de l'inintelligence de la parole du maître, jointe à celle des livres. Le dernier terme du psittacisme se trouve atteint quand la science est également étrangère à celui qui la transmet et à celui qui la reçoit. Voici, selon Montaigne, comment on en vient là : « Tout ainsi que les oiseaux vont quelquefois à la queste du grain et le portent au bec sans le taster pour en faire becquée à leurs petits ; ainsi nos pédantes vont pillottant la science dans les livres pour la dégorger seulement et

(1) Michel Bréal, *la Tradition du latin en France, Revue des Deux Mondes,* 17 juin 1891.

mettre au vent... Mais, qui pis est, leurs escholiers et leurs petits ne s'en nourrissent et alimentent non plus : ains elle passe de main en main pour cette seule fin d'en faire parade, d'en entretenir aultruy et d'en faire des contes, comme une vaine monnaie, inutile à tout autre usage et employcte qu'à compter et jeter (1). »

II

On a dit jusqu'où va notre inintelligence de la pensée d'autrui; on va rechercher quelle est l'origine de cette inintelligence et quelles en sont les raisons.

Pour communiquer, il faut avoir des pensées communes. Or les hommes n'en ont jamais qui soient telles, au moins à la rigueur. Nous n'avons point en face des mêmes objets les mêmes sensations. L'objet que je vois n'a pour moi ni la même grandeur ni la même couleur que pour vous, si vous êtes myope et si je suis presbyte, si vous êtes daltonien et si j'ai la vue normale. Et, comme mon œil n'est jamais constitué exactement comme le vôtre, mes sensations sont nécessairement à quelque degré différentes des vôtres. De même,

_____

(1) *Essais*, I, XXIV.

chaque voix a son timbre, c'est-à-dire sa façon
d'émettre une note ; et chaque oreille a sans doute
aussi sa façon de percevoir un son donné. Cependant, quoique telles sensations diffèrent d'un individu à l'autre, les mots qui expriment ces sensations sont les mêmes pour tous. Le langage nous
fait donc illusion : on croit s'entendre et on ne
s'entend pas ; on croit parler des mêmes choses,
et on parle de choses différentes. Les hommes ne
communiquent réellement entre eux que dans la
mesure où ils ont la même nature et éprouvent
les mêmes impressions ; cela revient à dire qu'ils
ne communiquent qu'en gros et à peu près. Se
comprendre, c'est se ressembler, et, la ressemblance entre les hommes n'étant jamais parfaite,
ils ne se comprennent donc qu'imparfaitement (1).

De ce que nous n'avons pas tous les mêmes
sensations il suit que nous ne saurions avoir les

---

(1) Si l'on pousse ce raisonnement à l'extrême, on aboutit au *solipsisme*. « Nous supposons, dit Pascal, que tous
conçoivent (les mêmes choses) de même sorte ; mais
nous le supposons bien gratuitement, car nous n'en avons
aucune preuve. Je vois bien qu'on applique ces mots
dans les mêmes occasions, et que, toutes les fois que
deux hommes voient un corps changer de place, ils expriment tous deux la vue de ce même objet par le même
mot, en disant l'un et l'autre qu'il s'est mû ; et de cette
conformité d'application on tire une puissante conjecture
d'une conformité d'idées ; mais cela n'est pas absolument

mêmes images, les images n'étant que l'écho pro-
longé des sensations. Bien plus, « l'imagination
n'est point coextensive aux sens » ; elle est plus
spéciale, plus restreinte : on a cinq espèces de
sensations, on n'a guère qu'une ou deux espèces
d'images. C'est ainsi que, connaissant à fond une
langue riche, nous usons, en parlant, d'un vocabulaire assez pauvre : notre style ne s'accommode
point et ne s'embarrasse point de tous les termes
de cette langue ; il s'en approprie un petit nombre,
selon ses besoins et son goût. Le langage imagi-
natif est un apauvrissement du langage des sens.
Sous le rapport des sens, les hommes sont à la
fois visuels, auditifs, moteurs. Sous le rapport de
l'imagination, ils pourront être ou visuels, ou auditifs, ou moteurs ; ils n'auront pas tous, comme
dit Taine, le même atlas. L'auditif se représentera
sous forme de sons ce que le visuel se représente
sous forme d'images ; ils ne parleront donc pas la

convaincant de la dernière conviction, quoiqu'il y ait bien
à parier pour l'affirmative, puisqu'on sait qu'on tire souvent les mêmes conséquences de suppositions différentes. » (*Pensées*, art. III, 15⁰ édit., Havet.) Le solipsisme
est un « doute hyperbolique », une opinion spéculative
que le bon sens repousse, une hypothèse, mais une hypothèse fondée sur un fait psychologique ; Pascal en a bien
vu la portée et déterminé la valeur : cela « n'éteint pas
absolument, dit-il, la clarté naturelle », mais « cela la
ternit ».

même langue ; ils auront en quelque sorte à se
se traduire l'un l'autre. De là pour eux l'impossi-
bilité de s'entendre, si ce qu'ils disent n'est point
traduisible à la fois dans le langage des sons et
dans celui des couleurs et des formes ; et de là
toujours une difficulté de s'entendre, un langage
n'étant jamais entièrement substituable à un
autre. Ainsi, il y a encore moins de ressemblance
entre les hommes sous le rapport de l'imagination
que sous celui des sens. C'est ce qui apparaîtrait
plus clairement encore si par imagination on entendait, comme on doit, le pouvoir de combiner,
et non pas seulement de former des images (1).

Mais ne suffit-il pas que nous soyons avertis et
que nous prenions conscience de la différence qui
existe d'une part entre nos sensations et nos
images et de l'autre entre les sensations et les
images d'autrui ? Il est bon de savoir que cette
différence existe, mais nous sommes autorisés
peut-être à la tenir pour négligeable. Il suffit, en
effet, pour que nous nous entendions avec nos
semblables, que nos pensées aient avec les leurs
quelque chose de commun, et soient, je ne dis pas
identiques, mais du moins *semblables*, ou seulement *analogues* aux leurs. J'appellerai par exemple

(1) Sur cette question, voir notre article sur *les Différents Types d'images* (*Revue philosophique,* mars 1895).

semblables les sensations qu'éprouvent en face du même objet le myope et celui qui a la vue normale, et *analogues* les images que se forment du même objet l'auditif et le visuel. Il est clair que les idées que les hommes peuvent échanger entre eux ne sauraient être les idées *propres* à chacun, c'est-à-dire les sensations et les images, mais seulement celles qui sont *communes* à tous, ou les idées *générales*. Le langage a ses limites. *Omne individuum est ineffabile*. Nous ne pouvons exprimer tout ce que nous sentons, mais seulement ce qui, dans ce que nous sentons, nous est commun avec les autres hommes. La meilleure théorie du langage est celle qui nous en fait toucher les bornes et établit que le contenu de la conscience est si vaste qu'une partie au moins échappe à nos moyens d'expression. Nous ne pouvons livrer de nous-même que ce qu'il y a de *social* en nous, que ce que nous tenons des autres ou ce qui nous rapproche d'eux ; ce qui nous est *personnel* ou intime demeure intraduisible (1).

(1) Cf. Bergson (*Essai sur les données immédiates de la conscience*, F. Alcan): « Nos perceptions, sensations et idées se présentent sous un double aspect: l'un net, précis, mais *impersonnel*; l'autre, confus, infiniment mobile et *inexprimable*, parce que le langage ne saurait le saisir sans en fixer la mobilité, ni *l'adapter à la forme banale sans le faire tomber dans le domaine commun*... Le mot aux

La question est donc uniquement de savoir si
l'entente peut s'établir entre les hommes sur la
base des idées générales. Pour cela, il faudrait que
l'idée générale fût d'une autre nature et eût une
autre origine que les images. Or elle tire uniquement sa valeur des expériences particulières qu'elle
résume. Comme tous les esprits ne passent pas
par les mêmes expériences, comme d'ailleurs les
uns réunissent des observations variées, fines et
précises, où d'autres ne recueillent qu'un petit
nombre de renseignements vagues, les termes dits
universels sont réellement pris par chacun en une
acception particulière. Ainsi l'idée générale de
couleur n'est point véritablement la même pour le
vulgaire, qui distingue seulement les couleurs
élémentaires et ne les distingue qu'en gros, et qui
peut-être confond les nuances voisines, et pour le

contours bien arrêtés, le mot brutal, qui emmagasine
ce qu'il y a de stable, de *commun* et par conséquent
d'*impersonnel* dans les impressions de l'humanité, *écrase
ou tout au moins recouvre les impressions délicates et fugi-
tives de notre conscience individuelle.* » (Pp. 97, 99.)

Et Sully Prudhomme :

> Quand je vous livre mon poème,
> Mon cœur ne le reconnaît plus ;
> Le meilleur demeure en moi-même,
> Mes vrais vers ne seront pas lus.
> . . . .
> Ainsi nos âmes restent pleines
> De vers sentis, mais ignorés.

(*Stances et poèmes :* Au lecteur.)

peintre qui sait le détail des couleurs élémentaires
et des nuances propres à chacune, les effets qui
résultent de l'opposition des couleurs diverses, la
valeur absolue et relative des tons, et la variété
infinie de leurs combinaisons. Par là même qu'on
range sous une désignation commune des expériences qui diffèrent en nombre et en qualité, le
terme général doit exprimer en fait des idées particulières : il n'a tout son sens que pour un petit
nombre, et il est diversement entendu par tous.
Ainsi la différence qui existe d'un esprit à l'autre,
sous le rapport des sensations et des images,
demeure la même sous le rapport des idées.

Même l'usage des idées générales prête plus au
contresens et au non-sens que celui des idées
particulières, par la raison que plus les opérations
de l'esprit se compliquent, plus elles renferment
de chances d'erreur. Ainsi toute conversation suppose des idées générales, et s'entend d'autant
moins qu'elle renferme des idées plus générales.
C'est que l'idée générale est d'abord, en tant que
telle, difficile à former ; c'est de plus qu'elle implique des relations avec d'autres idées et ne peut
être isolément conçue. Il y a, comme dit Platon,
une pénétration mutuelle des idées, μίξις εἰδῶν. Un
terme n'a point de sens, détaché d'une proposition ; une proposition n'en a point, détachée d'une

autre qui la précède ou la suit. Le paragraphe éclaire la phrase ; le chapitre éclaire le paragraphe, le livre éclaire le chapitre. Le livre à son tour est expliqué par l'œuvre entière de l'écrivain, et l'œuvre enfin est expliquée par le milieu, par les œuvres du même genre qui l'ont préparée et inspirée. D'une manière générale, la pensée est un mouvement continu et ininterrompu de l'imagination (1) ; elle tire sa valeur, non de la multiplicité des idées, mais de leur suite ou liaison ; elle est la perception, non des idées seulement, mais de leurs rapports. C'est pourquoi le langage, se modelant sur la pensée, a pu être comparé à un organisme ; des membres ne peuvent vivre séparés du tronc ; un texte séparé du contexte devient lettre morte. De même qu'un organe, le cœur par

---

(1) Cf. Descartes : *Regulæ ad directionem ingenii, XI.* ...*Continuum et nullibi interruptum cogitationis motum, singula perspicue intuentis,* — *motum quemdam cogitationis singula attente intuentis simul et ad alia transeuntis.* L'étude directe des langues conduit à la même conclusion. Les langues ne se composent pas seulement de *mots*, mais de *groupes de mots et de phrases.* Quelquefois, quand un mot est entré dans une formule devenue usuelle, « nous ne percevons plus que la formule. » Qui connaît les mots *bis, conteste, demeure*, pris à part, et qui hésite pourtant sur le sens des formules *pain bis, sans conteste, péril en la demeure ?* « Ce n'est (donc) pas le mot qui forme pour notre esprit une idée distincte : c'est l'idée. Si l'idée est simple, peu importe que l'expression soit complexe : notre esprit

exemple, dépend de tous les autres et tient tous les autres sous sa dépendance, une parole tire du discours son sens, et est elle-même essentielle au sens du discours. Une proposition exprime directement telle vérité et indirectement les vérités que la première suppose comme conditions et entraîne comme conséquences. En d'autres termes, à côté de ce que le langage exprime, il y a ce qu'il sous-entend et suggère. La différence des esprits se marque dans leur aptitude plus ou moins grande à approfondir le sens d'un mot, et à mesurer la portée d'une pensée. C'est ainsi que le principe : *Je pense, donc je suis,* n'est pas le même « dans « l'esprit de Descartes et dans l'esprit de saint « Augustin, qui a dit la même chose douze cents « ans auparavant. En vérité, dit Pascal, je suis

n'en percevra que la totalité. » On peut douter si les mots ont pour les illettrés une existence distincte. « Ils se laissent aller dans l'écriture aux plus étranges séparations comme aux plus bizarres accouplements. Cela ne les empêche pas de manier la pensée avec justesse, la parole avec propriété. Leur intelligence qui perçoit les masses n'a jamais eu le loisir d'aller jusqu'au détail. » Tel mot, encadré dans une locution, perd son individualité et « est perçu, non en tant que mot, mais en tant que partie intégrante d'un ensemble. » C'est ce qui arrive dans les locutions suivantes : *rez-de-chaussée,* — *pied de nez,* — *rhume de cerveau.* C'est ce qui explique la catachrèse ; exemple : *monter à cheval sur un âne* (Michel Bréal : *De l'Histoire des mots*) (*Revue des Deux Mondes,* juillet 1887).

« bien éloigné de dire que Descartes n'en soit pas
« le véritable auteur, quand même il ne l'aurait
« appris que dans la lecture de ce grand saint ;
« car je sais combien il y a de différence entre
« écrire un mot à l'aventure, sans y faire une ré-
« flexion plus ample et plus étendue, et aperce-
« voir dans ce mot une suite admirable de consé-
« quences, qui prouve la distinction des natures
« matérielle et spirituelle, et en faire le principe
« ferme et soutenu d'une physique entière... Ce
« mot est aussi différent dans ses écrits d'avec le
« même mot dans les autres qu'un homme plein
« de vie et de force d'avec un homme mort. Tel
« dira une chose de soi-même sans en comprendre
« l'excellence où un autre comprendra une suite
« merveilleuse de conséquences, qui nous font
« dire hardiment que ce n'est plus le même mot,
« et qu'il ne le doit non plus à celui d'où il l'a
« appris qu'un arbre admirable n'appartiendra à
« celui qui en aurait jeté la semence, sans y pen-
« ser et sans la connaître, dans une terre abon-
« dante, qui en aurait profité de la sorte, par sa
« propre fertilité (1). »

Si toute vraie connaissance est relative, si les
principes sont relatifs aux conséquences qu'ils

_____

(1) Pascal, *De l'Esprit géométrique,* 2º fragment.

renferment, et les conséquences aux principes
qu'elles supposent, la connaissance devient apparente ou verbale, alors qu'elle est une conception
absolue ou isolée des choses (1). De là vient
qu'une maxime isolée, une citation, un proverbe,
n'ont pour l'esprit aucun sens, ou n'ont qu'un
sens mutilé, appauvri, et sont si souvent entendus
de travers. De là vient aussi qu'on oppose la lettre
à l'esprit. La pensée littérale est une pensée sans
racines dans l'esprit, qui se dessèche et meurt
faute de suc et de sève, une vue isolée est philo-
sophiquement sans valeur. Telle grande vérité,
comme le *Cogito*, considérée à part du système
qu'elle engendre, devient une énigme, un non-
sens ou une banalité. Et il ne faut pas croire que
les philosophes seuls enchaînent si bien leurs
idées qu'il faille projeter sur l'une d'elles, si l'on
veut la saisir, la lumière de toutes les autres. La
vérité est que les philosophes s'astreignent seuls
à observer les règles d'une méthode rigoureuse,
mais les autres esprits ne laissent pas d'avoir des

---

(1) Cf. Pascal (*Pensées*, art. I, 1, édit. Havet) : « Toutes
choses étant causées et causantes, aidées et aidantes,
médiates et immédiates, et toutes s'entretenant par un
lien naturel et insensible qui lie les plus différentes, je
tiens impossible de connaître les parties sans connaître
le tout, non plus que de connaître le tout, sans connaître
particulièrement les parties. »

idées qui s'appellent et s'ordonnent suivant une logique instinctive et un art secret. Toute la différence est qu'il faut comprendre les uns et deviner les autres. Mais, d'une manière générale, il n'y a point de pensée qui nous soit intelligible si elle ne nous fait pénétrer un peu avant dans l'intelligence de celui qui l'a conçue.

Dès lors, le psittacisme peut provenir de la raison aussi bien que de l'imagination et des sens. J'entends par raison la systématisation ou l'organisation des idées. Les hommes diffèrent les uns des autres non seulement en ce qu'ils sont conduits par des expériences différentes à des idées différentes, mais en ce qu'ils groupent leurs idées dans un ordre différent. « La diversité de nos opinions vient seulement, dit Descartes, de ce que nous conduisons nos pensées par diverses voies. » C'est ce qui apparaît dans les discussions. Qu'on suppose un moment où deux interlocuteurs s'accordent sur un principe ; cet accord ne pourra se maintenir ; chacun tirera du même principe des conclusions opposées ; les esprits, partis du même point, divergeront dans des directions différentes. Les idées, comme les livres, ont leurs destinées ; les esprits qui les reçoivent décident de leur valeur. Des idées justes dégénèrent en préjugés. Ainsi le jeûne et l'abstinence ont sans doute été

prescrits d'abord au nom de l'hygiène; puis ils ont
été recommandés pour eux-mêmes, pour leur vertu
sanctifiante; enfin ils ont paru des moyens de
mortifier le corps. Rien ne prouve mieux combien
les hommes se comprennent peu les uns les
autres, alors qu'ils parlent le même langage, que
les conséquences contraires qu'ils tirent ainsi de
ce qu'on appelle, d'ailleurs à tort, les mêmes
idées.

L'emploi des termes généraux donne lieu à
deux sortes d'abus : ou le sens qu'on attribue à
ces termes est nul, comme trop général, ou il est
faux, comme trop particulier.

Par crainte d'entendre mal ce que disent les
autres, on se résigne parfois à ne pas les entendre
du tout. Plutôt que de donner à leurs paroles un
sens déterminé qu'elles n'ont pas, on prend ces
paroles en un sens pleinement universel, c'est-à-
dire qu'on refuse de leur assigner un sens plutôt
qu'un autre, et qu'on ne leur en assigne finalement
aucun. Les termes généraux comportant des significations diverses, les esprits circonspects ont la
prétention de ne pas choisir entre ces significations et de les admettre toutes. Mais les termes
qui veulent tout dire ne disent rien (1).

(1) Exemple, le *Tarte à la crème* du marquis, dans la
Critique de l'École des Femmes : « Pourquoi l'École des

3.

D'ailleurs être indifférent entre les divers sens d'un mot ou d'une proposition, c'est être disposé à les accepter l'un après l'autre ; et, en effet, après avoir d'abord donné à un mot toutes les significations possibles, sans en préciser aucune, on en vient bientôt à lui attribuer successivement des significations particulières qui se contredisent. Ainsi des maximes trop générales, comme : *Rien de trop, Suivre la nature*, sont prises d'abord en un sens indifférent ou neutre, puis en une série de sens particuliers et contraires. *Suivre la nature* devient la maxime des Épicuriens, des Cyniques et des Stoïciens, lesquels définissent la nature chacun à leur manière. Le langage, en tant que formé de termes généraux, se compose donc de termes auxquels tantôt on n'attache aucun sens défini, tantôt on attache un sens défini, mais impropre et changeant.

Résumons ce qui précède : Il n'y a point de lan-

Femmes est-elle une méchante pièce? demande *Dorante*. — Le Marquis : Hé! cela va de soi. *Tarte à la crème.* — Dor. : Hé bien, que veux-tu dire? *Tarte à la crème!* — Le Marq. : Parbleu! *Tarte à la crème*, chevalier. — Dor. : Mais encore? — Le Marq. : *Tarte à la crème.* — Dor. : Dis-nous un peu tes raisons. — Le Marq. : *Tarte à la crème.* — Uranie : Mais il faut expliquer sa pensée, ce me semble. — Le Marq. : *Tarte à la crème*, Madame. — Uranie : Que trouvez-vous là à redire? — Le Marq. : Moi? Rien. *Tarte à la crème.* »

gage sans idées communes. Or les idées qui viennent de l'imagination et des sens sont particulières par nature, et celles que l'entendement
forme ne sont pas non plus générales en fait. Nous
les tirons d'expériences diverses et nous les com-
binons diversement. Conclurons-nous donc à l'im-
possibilité pour les hommes de s'entendre les uns
les autres ? Dirons-nous que chacun est muré dans
sa propre pensée ? C'est la thèse du solipsisme.
Mais en fait celui qui serait fermé aux autres ne
se connaîtrait pas lui-même : notre pensée est
sociale autant qu'individuelle. Cependant le solipsisme renferme une part de vérité : nous ne pouvons jamais communiquer entièrement avec nos
semblables, chacun de nous ayant sa personnalité
irréductible, son intimité secrète. De plus nous ne
nous connaissons pas entièrement nous-mêmes ;
nous ne pouvons donc nous livrer tout entiers. Ce
qui peut être échangé entre nous et nos semblables, c'est d'abord ce que la réflexion nous a
clairement révélé à nous-mêmes ; c'est ensuite ce
qui, dans nos pensées, est accessible à autrui,
c'est-à-dire a son analogue dans la pensée d'autrui. Le progrès de la réflexion étend chaque jour
le domaine du *communicable*, mais il en recule les
bornes, sans pouvoir les atteindre. Le λόγος n'est
qu'une partie de la pensée, à savoir la pensée ré-

fléchie, ce qui est *communicable* et ce qui est *communiqué* réellement ou en fait.

Pour combattre le psittacisme, on fait toujours, et presque uniquement appel à la pensée personnelle. Le seul moyen d'entendre la parole des autres est en effet de ne point se laisser subjuguer par cette parole, et de s'en détacher pour considérer les choses ; on n'entre dans la pensée d'autrui qu'en faisant retour sur la sienne propre. Toutefois on doit aussi savoir s'abstraire de soi. Un esprit original n'est pas seulement, en tant que tel, impénétrable ; il manque aussi, en un sens, de pénétration. Il semble qu'il entre fort avant dans la pensée des autres ; et il a en effet des intuitions ou divinations profondes ; mais son observation n'est point directe et sûre ; elle est hypothétique ; elle rencontre merveilleusement, je le veux bien, mais elle rencontre. Ainsi le psittacisme, tel qu'on vient de le définir, provient également et tour à tour de l'excès et du défaut d'originalité dans la pensée.

A quelle condition les hommes s'entendront-ils donc les uns les autres ? A la condition d'avoir une pensée propre, originale, sans que l'originalité de cette pensée soit pourtant un obstacle à leur intelligence mutuelle. Il y a là un milieu difficile à tenir. On voit, par l'étude du psittacisme, combien la mésintelligence ou la non-intelligence entre les hommes est, non pas inévitable sans doute, mais aisée; on voit aussi, et par là même, de quelle manière et dans quelle mesure l'intelligence entre eux peut s'établir.

CHAPITRE IV

I

Le psittacisme est excusable par l'extrême difficulté où nous sommes d'entrer dans la pensée des autres ; mais il paraît une absurdité consentie et voulue, quand nous nous étourdissons nous-mêmes du bruit de nos paroles. Cependant, si le langage est l'instrument de notre pensée, et non pas seulement le moyen par lequel se communique à nous la pensée d'autrui, il se substituera à notre pensée personnelle de la même manière qu'il se substitue à celle d'autrui, et nous donnera le change sur les deux.

Du jour où elle a recours au langage pour s'exprimer, notre pensée s'aliène, accepte un joug, s'expose à être serve des mots. Il en est du langage et de la pensée comme de la *forme* et de la

matière de Kant : ou le langage modèle la pensée,
ou il se modèle sur elle, à moins encore qu'il ne
se fasse un compromis entre les deux, toute pensée étant à quelque degré symbolique et tout
langage intelligent.

Les mots, qui sont l'intermédiaire obligé entre
ma pensée et celle d'autrui, ont bien l'air d'être
un intermédiaire inutile et gênant entre la conscience et son objet. Le langage, en effet, si souple
qu'il soit, ne s'adapte jamais parfaitement à la
pensée; il ne lui est point adéquat ; il ne la rend
pas tout entière; il ne la rend pas non plus exactement. Il est comme un verre qui s'interpose
entre la conscience et ses états : ce verre grossit
et précise, mais déforme aussi les images internes.
La pensée par nature est dynamique est vivante;
elle n'*est* pas, mais *devient;* elle est un *progrès*,
non une *chose;* elle est un organisme, dont les
images représentent les cellules, avec cette différence que chaque « cellule occupe un point déterminé du corps, tandis qu'une idée vraiment
nôtre remplit notre moi tout entier. » (Bergson.)
Les images s'enveloppent, s'engendrent, se péné-
trent les unes les autres ; elles forment un tissu vi-
vant. Ce tissu, le langage le déchire, le met en
lambeaux, car il exige « que nous établissions entre
nos idées les mêmes distinctions nettes et précises,

la même discontinuité qu'entre les objets maté-
riels » (Bergson), car il est une juxtaposition de
mots définis, dont la réflexion a tracé le contour,
et dont la tradition assure l'immobilité. On fait
donc violence à la pensée, quand on la force à entrer dans les moules du langage. Penser sa parole
ou parler sa pensée, ce n'est point se laisser aller
au cours naturel de sa pensée, c'est endiguer ce
cours, c'est retenir le mouvement des idées, le
fixer, l'arrêter. Il y a entre la pensée pure ou spontanée et la pensée symbolique la même différence
qu'entre les eaux courantes et les eaux glacées
d'un fleuve.

Le langage pèse sur la pensée d'un poids très
lourd ; il lui impose ses formes traditionnelles et
précises ; il l'asservit à ses lois. Mais, d'autre part,
la pensée tire avantage du joug qu'elle subit ; elle
se fait une aide de ce qui est pour elle une en-
trave ; elle se sauve notamment de l'oubli, de la
torpeur et de la mort, grâce à l'emploi des mots.
L'observation établit que le langage nous est nécessaire pour penser. Chez les détenus, le silence
produit à la longue l'abêtissement. La privation
du langage est la condamnation à mort de la pensée (1). La pensée est donc diminuée par le lan-

(1) Cf. Ed. de Goncourt (*la Fille Elisa*) : « Ce régime du
silence, ce régime suppliciant, elle commençait à s'y

gage, mais elle serait abolie par la perte du langage.

Pour être nécessaires l'une à l'autre, la pensée et la parole n'en sont pas moins toujours en lutte. Il faut que la pensée adapte à son usage propre des mots créés pour l'usage commun ; il faut qu'elle reste originale et spontanée, alors qu'elle se réfléchit dans une langue que la tradition a formée ; il faut qu'elle se rende maîtresse de l'instrument qu'elle emploie, et s'en serve toujours sans s'y asservir jamais. Combien plus souvent le langage façonne la pensée, lui trace à l'avance sa voie, l'emprisonne en ses formules, la limite de toutes parts, et enfin l'annihile ! Le psittacisme représente la victoire la plus complète que le langage puisse remporter sur la pensée. Parfois notre esprit a à son service un langage qui le dépasse, trop perfectionné pour lui, trop difficile à manier ; il le traite alors avec respect, comme l'ouvrier sa machine ; il s'efface devant lui, il le suit, et ne le dirige plus. La langue « est une esclave et ne doit qu'obéir », mais cet esclave par ses services se rend indispensable et se substitue à son maître.

Il nous faut distinguer le psittacisme de tout

trouver comme dans le repos d'une vie, où il était permis à ses pensées de paresser dans du vague, dans du trouble, dans une sorte de lâche évanouissement, sans que sa parole ou celle des autres l'en retirât. »

autre abus des mots. Nous le définirons le passage de la pensée par *images*, ou représentation directe des objets à la pensée *symbolique*, ou représentation des objets, par le moyen des signes. Autre chose est percevoir ou imaginer la masse que forme un troupeau, autre chose savoir le compte de têtes qu'il renferme : l'un est une *image*, l'autre une conception *symbolique*. Le berger ou son chien reconnaît, à *l'aspect*, si le troupeau est ou non au complet ; la représentation, quoique équivalente ici à un calcul, est une *image*. De même, les ouvrières qui mettent les cigares en paquet, reconnaissent, *au toucher*, si elles ont leur compte de vingt cigares ; une sensation ou image particulière, située au bout des doigts, représente ici une multiplicité définie, celle que désigne le nombre vingt ; les cigarières ont une représentation directe ou *réelle*, et non point *symbolique*, de vingt cigares. Certains sauvages ne savent pas compter, dit-on, au delà de deux ou de trois ; en réalité, ils ne savent pas compter du tout ; ils ont l'idée sensible ou *l'image* de l'unité, de la dualité, et, au delà, celle de la multiplicité ; plus exactement, de telles unités, de telles dualités, de telles multiplicités données ; ils n'ont pas de conceptions *symboliques*, pas plus celles de *un* ou de *deux* que de tout autre nombre. Je sais bien qu'en un sens la sensation

est elle-même un signe, et que les signes, parlés
ou écrits, sont à quelque degré des images. Les
représentations réelles et symboliques ne sont
pas, comme on le dira plus loin, irréductibles à la
rigueur. Mais la distinction proposée ici n'en est
pas moins claire, et se justifie pleinement au point
de vue psychologique.

L'emploi des signes étend nos conceptions : le
langage désigne avec précision et clarté ce que
l'imagination n'embrasse point ou saisit confusé-
ment. Ainsi les opérations arithmétiques les plus
simples dépassent l'imagination; les plus com-
pliquées deviennent aisées grâce à l'emploi des
signes numériques. On se représenterait donc à
l'aide de signes ce qu'on ne se représente point
par images. Mais c'est mal parler. La conception
symbolique est en réalité toujours « aveugle »,
comme dit très bien Leibniz ; elle est une indica-
tion, non une représentation proprement dite; la
désignation des choses n'implique pas nécessairement la vue des choses et ne l'évoque pas nécessairement non plus. Les signes peuvent retenir et
retiennent en fait d'ordinaire l'attention qui devrait
se porter sur les objets qu'ils désignent : quand il
en est ainsi, le langage, quoique correctement employé, est un psittacisme. J'appelle donc psittacisme toute pensée symbolique.

On va chercher comment se forme la pensée symbolique.

L'esprit donne son attention aux mots, au lieu de la donner aux choses que ces mots désignent : 1° parce que la physionomie et le relief des mots frappent et captivent l'imagination ; 2° parce que les choses ne sont pas ou sont difficilement accessibles à l'imagination ; 3° parce que, tout en connaissant le sens des mots, on néglige de le chercher, ou on ne parvient pas à s'en souvenir ; 4° parce que, la connaissance des mots ayant précédé celle des choses, on n'est pas en mesure de passer de l'une à l'autre.

II

Les premiers mots qu'on emploie pour désigner les choses sont créés en quelque sorte à l'image des choses. Il semble que les appellations les plus claires doivent être les plus naturelles, les plus imitatives. Le langage le plus *expressif*, celui qui se compose de signes analogiques, d'onomatopées ou de métaphores, nous paraît le meilleur. Nous croyons que la supériorité des signes tient à ce qu'ils évoquent *directement* l'idée des choses. Or, en fait, l'évocation la plus directe n'est pas la plus

sûre. Par là même qu'ils sont expressifs ou font
image, les mots sont justement impropres à remplir leur fonction : ils retiennent notre attention
et la détournent des choses. Le mieux est donc ici
l'ennemi du bien. Un langage *trop parlant* cesse
d'être un langage.

Il y a une fascination exercée par les mots. Les
mots ne nous intéressent pas seulement par leur
sens ; ils nous plaisent par leur sonorité, leur éclat,
leur physionomie originale. La première forme du
langage est le gazouillement. L'enfant commence
par jouer avec les sons ; il répète les mots qu'il
entend pour rien, pour le plaisir de les entendre et
de les redire. Taine dit de sa petite fille : « Elle se
« complaît à son ramage comme un oiseau, on
« voit qu'elle en est heureuse, qu'elle sourit de
« plaisir ; mais ce n'est encore qu'un ramage d'oi-
« seau, car elle n'attache aucun sens aux mots
« qu'elle émet. » Après qu'on a acquis la connaissance du sens des mots, on ne laisse pas de s'intéresser encore aux mots pour eux-mêmes, on continue à jaser, à goûter la pure ivresse de parler et
de faire du bruit. Le psittacisme est parfois une
innocente joie physique, une exubérance de langage, comme il apparaît dans ce récit que nous
fait Jules Breton d'une promenade avec son père,
à travers Paris.

Nous allions au hasard dans les rues, très bavards,
toutes nos paroles tombant au gré de leur caprice,
nullement arrêtés par leur étrangeté ni leur niai-
serie. Nous appelions cela dire *nos petites bêtises*, et
en effet c'étaient des bêtises sans queue ni tête, à
la façon des oiseaux qui gazouillent, parce qu'il
faut bien donner une forme sensible à leur bonheur,
et rien de plus ; or, comme ce bonheur est du délire,
cette forme serait illogique si elle avait le sens
commun..... C'était, en même monnaie, le beau désordre de l'ode, prenant tous les accents, mêlant
patois et français, minauderies précieuses et graves
solennités imbéciles, héroïques ronflements d'rrr...,
onctueuses inflexions pieuses, calembours, prose et
vers, lambeaux de phrases insensées qui, toutes,
stupides ou bouffonnes, exprimaient l'allégresse de
sentir vivre à côté de soi un être bien-aimé, d'éprouver la certitude que l'un n'a rien qui ne soit à
l'autre, pas un sentiment qui n'y trouve son écho,
de se sentir enfin, de part et d'autre, allégé par
l'échange de tant de tendresse, et n'est-ce pas pour
cela que les oiseaux gazouillent ? (1)

Le bavardage des salons est une forme moins
naïve et moins franche de ce psittacisme qui consiste à s'étourdir gaiement du bruit des paroles.
Chacun a sa manière de dire *ses petites bêtises;*
mais tout le monde en a une : *Dulce est desipere
in loco.*

En dehors du psittacisme auquel on s'abandonne

(1) J. Breton, *la Vie d'un artiste,* p. 203.

par légèreté ou par humeur folâtre, il y a celui
qu'exerce sur nous, parfois à notre insu, la fascination des mots. Il y a en effet des syllabes séduc-
trices ; telles sont celles qui chantent en nous
comme un refrain, qui nous poursuivent et nous
hantent. Les mots qui nous obsèdent peuvent
n'avoir pas de sens, et, s'ils en ont un, ce n'est
pas ce sens qui nous frappe. Il faut distinguer
du moins l'obsession des mots et celle des idées.
La première est la plus commune. Ainsi, la mémoire des vers est surtout musicale :

Il *tressaillait* en moi des phrases de roman !

Les vers sont un chant qui nous berce avant d'être,
et souvent sans être, une image qui nous charme.
Même l'éclat des mots éblouit la pensée, lui cause
une stupeur analogue au vertige. Il y a des mots
qui ne tirent point leur valeur de l'objet qu'ils désignent, qui sont majestueux et solennels par un
simple effet de sonorité (ex.: Alhambra, Meschacébé
et, en général, le vocabulaire des noms propres de
Chateaubriand et de Hugo); qui sont murmurants
et doux (Rarahu, Maori, le vocabulaire des noms
propres de Loti); qui plaisent par leur étrangeté exo-
tique (ex : palétuviers, etc.) ; qui sont truculents,
fantastiques (ex. : abracadabra, mot par lequel les
anciens conjuraient la fièvre tierce ; Gilliatt, Tra-

galdabas, etc.). On dit : des noms de mélodrame, des noms de vaudeville. Enfin, il est des mots ordinaires et simples, offrant à telle personne un attrait musical qui demeure inexplicable à d'autres.

Les mots écrits ont aussi leur prestige ; Balzac s'arrêtait en extase devant cette affiche fulgurante : *Z. Marcas !* Les poètes se sont insurgés contre la réforme de l'orthographe, au nom de la beauté pittoresque des *ph* et des *y*. Qu'on imagine le mot Zéphyre avec une orthographe phonétique ! Qu'on imagine seulement les poèmes antiques de Leconte de Lisle transcrits en orthographe vulgaire ! Enfin, il est des mots qui rendent un son musical et sont en même temps un pittoresque assemblage de lettres ; exemple : *Pasiphaé*. Banville a dit que le plus beau vers de Racine était :

La fille de Minos et de Pasiphaé.

Si l'on considère non plus les mots isolés, mais le discours, on verra qu'il plaît, indépendamment de son sens, par la musique des périodes, leur balancement rythmique, leur nombre. On se laisse charmer par un *tour de phrase* autant et plus que par un mot ; on apprécie le flux de paroles autant que les paroles mêmes. On aime à entendre bruire le ronron des phrases. Nous sommes tous plus ou moins comme les paysans de Molière demeurant

bouche bée devant le jargon des médecins : « Que
c'est bien dit, notre homme : que n'ai-je étudié ! »
Telle forme de poésie et d'éloquence nous paraît
dispensée d'avoir un sens, tant elle a d'harmonie !
« Ce qui ne vaut pas la peine d'être dit, on le
chante. » Le langage devient une musique : les
mots ont une valeur expressive, non significative.
Combien de fois les poètes et les orateurs (je dis
les plus grands) ont été dupes les premiers de leur
virtuosité musicale ! Renouvier a donné à un chapitre de son livre sur Hugo ce titre justifié : *De
l'ignorance et de l'absurdité du poète*. On trouvera
là de beaux exemples de ce psittacisme musical
ou poétique que j'ai cherché à définir.

Concluons. Le pittoresque ou la valeur musicale des mots nuit à l'intelligence de leur sens. Le
langage est d'autant moins *significatif* qu'il est
plus *expressif*. Dès lors (à ne considérer que le
secours qu'ils apportent à la pensée), les mots
joueront d'autant mieux leur rôle qu'ils attireront
moins l'attention, qu'ils seront par eux-mêmes plus
indifférents, plus éloignés de l'onomatopée ou de
la métaphore. Nous nous trouvons ici d'accord
avec M. Egger, quoique, en soutenant la même
thèse, nous nous placions à un autre point de vue (1).

(1) *La Parole intérieure*, ch. VI, *passim*, F. Alcan.

M. Egger dit que, s'il s'agit de « maintenir la généralité d'une idée générale », — nous disons simplement : s'il s'agit de penser, — on doit préférer l'*image-signe* à l'*image-idée*, c'est-à-dire le signe purement signe au signe qui est à la fois image et signe, principalement image et accidentellement signe. « Le signe parfait est celui qui est un signe et rien autre chose. » A cette définition ne répondent ni l'onomatopée ni l'image symbolique ; car, si je me plais par exemple à imiter le cri d'un animal ou à dessiner son image, j'oublierai fort bien l'animal lui-même dont le cri ou l'image devrait servir *uniquement* à évoquer l'idée. Le signe parfait sera donc « celui qui n'a de rapport avec la chose signifiée que par la volonté arbitraire de ceux qui s'en servent ». En effet, le signe *conventionnel*, terne et incolore, s'efface devant l'idée ; il n'a d'intérêt pour l'esprit que par la fonction qu'il remplit. Il ne dit rien par lui-même, et c'est pourquoi il dit ce qu'il doit dire, rien à côté, rien de plus ; c'est « un employé modèle. docile à ses chefs, exact à l'ouvrage. » On peut compter qu'il fera sa besogne, sans la gâter par une intervention maladroite et fâcheuse ; il tire son mérite de sa modestie même ; il n'est qu'un instrument au service de la pensée. Tout autre signe peut cesser d'être un signe, en ce sens qu'il arrête et suspend la pensée, au lieu de la conduire à l'idée que son but est et devrait être seulement d'évoquer. Remarquons toutefois que le psittacisme qui naît de la fascination des mots est relatif. Le langage expressif a réellement un sens, mais il n'a pas celui qu'il devrait avoir et qu'on attend de lui.

III

Le signe ne prend pas toujours indûment la place de la pensée : il remplit parfois une fonction qui revient de droit à la pensée, mais dont la pensée ne s'acquitte point ou s'acquitte mal. Ainsi telle réalité n'offre pas de prise à l'imagination, par exemple la *terre ;* elle sera figurée par un *globe en carton.* Suivant Spencer, nos conceptions sont tantôt *réelles*, tantôt *symboliques* (1). J'ai une conception *réelle*, mais incomplète, de la forme de la terre, quand j'aperçois un navire dont la coque a disparu au-dessous de l'horizon ; j'ai une conception totale, mais *symbolique* de la terre, quand je me la représente à l'aide d'une carte ou d'un globe. Où les *conceptions réelles* font défaut, les conceptions symboliques sont bienvenues ; d'ailleurs on raisonne aussi bien à l'aide des unes que

(1) *Premiers principes*, Iʳᵉ partie, ch. II, F. Alcan.

des autres, et on aboutit dans les deux cas : des
conclusions que l'observation vérifie, comme le
prouvent les prédictions astronomiques. Toutefois, les symboles par lesquels on remplace la représentation directe des choses ne doivent pas
être prises pour cette représentation même; ils
n'en sont que les « équivalents. » Or, comme
il y a une série de degrés intermédiaires entre *un
caillou* et *la terre*, on passe insensiblement de
la *conception réelle* de l'un à la *conception symbolique* de l'autre, et il nous arrive de prendre
pour les choses leur expression imparfaite et figurée.

En l'absence de représentations directes des
objets, que nous en ayons des représentations
symboliques, rien de mieux : mais on ne doit re-
courir au symbole que par nécessité. « En général, ne substituez jamais, dit Rousseau, le signe à
la chose que quand il vous est impossible de la
montrer, car le signe absorbe l'attention de l'enfant et lui fait oublier la chose représentée (1). »
Or, en fait, nous usons indiscrètement des signes.
Quand nous pourrions concevoir les choses, nous
nous contentons de les désigner, de leur appliquer
des noms. « C'est là aujourd'hui, dit Taine, notre

(1) *Emile*, l. III.

« plus grand danger. Nous perdons de plus en
« plus la vue pleine et directe des choses ; sous la
« contrainte de l'éducation casanière, multiple et
« prolongée, nous étudions, au lieu des objets
« leurs signes ; au lieu du terrain, la carte ; au
« lieu des animaux qui luttent pour vivre, des no-
« menclatures, des classifications, et, au mieux,
« des spécimens morts du Muséum ; au lieu des
« hommes agissants et sentants, des statistiques,
« des codes, de l'histoire et de la philosophie ;
« bref, des mots imprimés, et, chose pire, des
« mots abstraits, lesquels de siècle en siècle de-
« viennent plus abstraits, partant plus difficiles à
« comprendre, moins maniables et plus décevants,
« surtout en matière humaine et sociale (1). »

(1) Taine, le *Régime moderne* (Portrait de Napoléon). —
Cf. Rousseau (*Emile*, l. III) : « En quelque étude que ce
puisse être, sans l'idée des choses représentées, les
signes représentants ne sont rien. On borne toujours
l'enfant à ces signes, sans jamais pouvoir lui faire comprendre aucune des choses qu'ils représentent. En pensant lui apprendre la description de la terre, on ne lui
apprend qu'à connaître des cartes ; on lui apprend des
noms de villes, de pays, de rivières, qu'il ne conçoit pas
exister ailleurs que sur le papier où on les lui montre.
Il me souvient d'avoir vu quelque part une géographie
qui commençait ainsi : *Qu'est-ce que le monde ? C'est un
globe en carton.* Telle est précisément la géographie des
enfants. Je pose en fait qu'après deux ans de sphère et
de cosmographie, il n'y a pas un seul enfant de dix ans

Parce que souvent les objets ne sont pas représentables ou sont difficilement représentables, et
que nous ne les atteignons alors qu'à travers ces
schèmes ou images simplifiées qu'on appelle des
symboles, nous prenons l'habitude de nous dé-
tourner des choses et de nous attacher aux signes,
alors même que les choses sont simples et leurs
signes complexes. Les signes devraient seulement
fixer la pensée sur les choses ; ils la distraient et
l'occupent, ils la compliquent et l'encombrent.
C'est pourquoi Émile n'aura point « de cabinet de
« physique expérimentale. Tout cet appareil d'ins-
« truments et de machines me déplaît, dit Rous-
« seau. L'air scientifique tue la science. Ou toutes
« ces machines effraient un enfant, *ou leurs*
« *figures partagent et dérobent l'attention qu'il de-*
« *vrait à leurs effets* (1). » Les signes doivent donc
être simplifiés et leur emploi réduit au minimum ;
c'est la pensée réelle qu'il faut enrichir et étendre.
Il faut que les signes soient seulement « l'occa-

qui, sur les règles qu'on lui a données, sût se conduire
de Paris à St-Denis. Je pose en fait qu'il n'y en a pas un
qui, sur un plan du jardin de son père, fût en état de
suivre les détours sans s'égarer. Voilà ces docteurs qui
savent à point nommé où sont Pékin, Ispahan, le Mexique,
et tous les pays de la terre. »

(1) *Emile*, 1. III. Rousseau rend sensible, à l'aide d'un
exemple, l'inconvénient qui résulte de la complication
des signes. « La sphère armillaire me paraît une machine

sion do la pensée » (Berkeley), et, si la pensée est
et ne peut être que symbolique, il faut qu'elle se
connaisse du moins comme telle. « Celui qui sait que
« les noms ne représentent pas toujours des idées
« s'épargnera la peine de chercher des idées là où
« n'y aura de place pour aucune. Il serait donc à
« désirer que chacun fît tous ses efforts pour arri-
« ver à une vue claire des idées dont il aurait à
« s'occuper, les séparant de tout l'attirail et
« l'embarras des mots qui contribuent tant à
« aveugler le jugement et à diviser l'attention.
« C'est vainement que nous portons notre vue
« jusque dans les cieux, et que nous cherchons à
« pénétrer dans les entrailles de la terre, vaine-
« ment que nous consultons les ouvrages des sa-
« vants et que nous marchons sur les traces obs-
« cures de l'antiquité. Mais écartons seulement le
« rideau des mots, et nous contemplerons l'arbre

mal composée et exécutée dans de mauvaises propor-
tions. Cette confusion de cercles et les bizarres figures
qu'on y marque lui donnent un air de grimoire qui effa-
rouche l'esprit des enfants. La terre est trop petite ;
les cercles sont trop grands, trop nombreux ; quelques-
uns, comme les colures, sont parfaitement inutiles ;
chaque cercle est plus large que la terre ; l'épaisseur
du carton les fait prendre pour des masses circulaires
réellement existantes ; et, quand vous dites à l'enfant
que ces cercles sont imaginaires, il ne sait ce qu'il voit,
il n'entend plus rien. »

« admirable de la connaissance dont le fruit est
« excellent et à la portée de notre main (1). » Et
Berkeley fait cette déclaration qui rappelle par le
ton le début célèbre de la troisième méditation de
Descartes : « Puisque l'entendement est sujet à ce
« point à se laisser duper par les mots, je suis dé-
« cidé à en faire dans mes recherches le moindre
« usage qu'il me sera possible ; quelques idées
« que j'aie à considérer, je tâcherai de me les
« représenter toutes nues, dans leur pureté, et de
« bannir de ma pensée, autant que j'en serai ca-
« pable, ces noms qu'un long et constant usage
« leur a si étroitement liés. » J'éviterai ainsi toutes
sortes d'erreurs, car « aussi longtemps que
« je restreins mes pensées à mes idées propres,
« dépouillées des mots, je ne vois pas comment
« je pourrais être aisément trompé, en pensant que
« j'ai une idée que je n'ai point (2). » Mais, comme
le remarque encore Berkeley, il est plus aisé de
signaler l'abus des termes que de l'éviter. Il en est
des mots comme des végétations parasites qui attirent à elles le suc de l'arbre sur lequel elles s'im-
plantent. Le mot étouffe l'idée.

La forme de psittacisme que nous étudions ici

---

(1) Berkeley, *Introduction au Traité des principes de la
connaissance humaine*, trad. Renouvier.
(2) Id., *ibid.*

offre un contraste absolu avec une interprétation de signes qui serait si rapide, qu'elle produirait l'apparence d'une intuition des choses. C'est ainsi qu'on croit *percevoir* la distance, quand on la conçoit au moyen de sensations musculaires. C'est ainsi que, lorsqu'on parcourt des yeux une partition, une page d'un livre, des images auditives ou visuelles paraissent s'éveiller *instantanément* dans l'esprit. Le signe remplit sa fonction sans qu'on remarque sa présence ; il s'efface si bien qu'on ignore ou qu'on oublie qu'il existe ; on s'en sert sans le voir (1). D'autres fois, au contraire, l'esprit s'attache si bien au signe qu'il ne remarque plus la chose signifiée. Tandis que, tout à l'heure, le passage du signe à la chose était si rapide qu'il semblait immédiat, maintenant on s'arrête sur le signe, et on oublie de remonter à l'idée. Dans le premier cas, le signe était l'acces-

(1) Cf. Berkeley (*Nouvelle Théorie de la vision*, 51, trad. Beaulavon et Parodi, F. Alcan) : « Nous n'entendons pas plus tôt prononcer à nos oreilles les mots d'une langue qui nous est familière qu'aussitôt les idées qui y correspondent se présentent d'elles-mêmes à notre esprit ; c'est *absolument dans le même moment* que le son et sa signification pénètrent dans l'entendement, si intimement liés qu'il ne dépend pas de nous d'écarter l'un des deux, sans par cela même exclure l'autre également. Bien plus, nous agissons à tous égards comme si nous entendions proprement les pensées d'autrui. »

soire, la chose signifiée, le principal; dans le second, la chose signifiée devient l'accessoire, le signe, le principal. Le psittacisme est donc le renversement des termes de la relation du signe à l'idée, ou la suppression de l'un de ces termes.

IV

L'esprit s'arrête quelquefois aux signes, sans que les signes soient dignes d'attirer son attention ; il néglige de remonter aux choses, par indolence et paresse. Qu'on consulte l'histoire de la langue : à l'origine, toutes les expressions étaient imagées et pittoresques ; les mots-racines, exprimant des idées abstraites, sont en réalité des mots dont on a oublié l'origine métaphorique (Bréal). Mais les mots sont comme les monnaies, dont l'éclat se ternit et l'empreinte s'efface à la longue. Les images poétiques se changent en abstractions. Nos dictionnaires actuels sont des recueils de métaphores fanées. Le passage du sens concret au sens abstrait se produit de lui-même pour les mots d'un usage courant. [Qui songe aujourd'hui à la valeur étymologique et pittoresque des mots « momentum, augenblick, clin d'œil »? Je mets en fait que cette expression : *ce fut l'affaire d'un clin*

d'œil, n'éveille jamais dans l'esprit l'idée de pau-
pières qui se soulèvent et s'abaissent. Je dis plus :
les locutions proverbiales, qui font tableau, comme
celle-ci : *Pierre qui roule n'amasse pas mousse*,
sont des fleurs sans éclat et sans parfum, qu'on
ne s'arrête pas à cueillir ; la plupart du temps
elles ont perdu pour nous leur valeur poétique,
elles n'offrent qu'un intérêt de pensée ; nous n'y
attachons qu'un sens didactique ou abstrait. Il
nous faut un effort de réflexion pour en sentir
l'originalité et la saveur. (Je suppose, bien entendu, que les proverbes sont encadrés dans une
phrase, et non comme ici détachés, mis en vedette).
L'étude des étymologies nous plaît justement
parce qu'elle ranime en quelque sorte la flamme
de la pensée, ensevelie sous la cendre des mots.
Mais cette étude est un objet de pure curiosité
scientifique ; on n'y songe point quand on parle.
Le dernier sens employé pour un mot fait oublier
les sens antérieurs. « Le peuple n'a que faire de
« remonter dans le passé, il ne connaît que la si-
« gnification du jour. On a ingénieusement rap-
« pelé à ce propos ces hardis grimpeurs qui
« retirent sous leur pied droit le crampon qui le
soutenait, après qu'ils ont mis le pied gauche sur
« le suivant. Le linguiste est seul à chercher dans
« l'usage présent ou passé la trace de ces mobiles

« échelons (1). » Si on suit à la trace les variations
de sens des mots, on voit que ces variations marquent une abstraction croissante, autrement dit
un appauvrissement ou réduction d'images. Les
mots s'usent ; plus exactement les idées qu'ils
expriment tendent à s'évanouir. Qu'on pousse à la
limite ce travail de déperdition ou d'usure des
mots, on aboutira au psittacisme. Les mots se
dépouillent d'abord d'une partie de leur sens, puis
de toute espèce de sens. Un jour vient nécessairement où ils survivent à la pensée, comme le culte
à la religion. Quand l'esprit religieux se perd, le
culte en effet subsiste, mais « les pratiques per-
« dent leur sens et se matérialisent, la prière de-
« vient un mécanisme, le culte une cérémonie, les
« formules une sorte de cabalisme, où les mots
« opèrent, non plus comme autrefois par leur sens
« moral, mais par leur son et leur articulation...
« Dans les premiers âges, la religion n'a pas be-
« soin de symboles ; elle est un esprit nouveau,
« un feu qui va sans cesse dévorant devant lui ;
« elle est libre et sans limites. Puis, quand l'en-
« thousiasme est tombé, quand la foi originale et
« native s'est éteinte, on commence à *définir*, à
« combiner, à spéculer sur ce que les premiers

(1) Michel Bréal, *l'Histoire des mots* (*Revue des Deux-
Mondes*, 1ᵉʳ juillet 1887).

« croyants avaient embrassé de foi et d'amour. Ce
« jour-là naît la scolastique, et ce jour-là est posé
« le premier germe de l'incrédulité (1). » Comme
la religion dégénère en ritualisme, le langage dégénère en psittacisme ; ses métaphores brillantes
deviennent des formules d'abord abstraites, puis
vides.

Au lieu de considérer le progressif évanouissement du sens des mots dans une langue, que chacun s'interroge lui-même. Il verra qu'à certains
moments, qu'on pourrait appeler, dans le langage
des mystiques, les moments de *sécheresse* de la vie
mentale, les mots sont pour lui des mots, et rien
de plus. Son imagination languit et n'évoque
plus le souvenir des choses. Que de fois, enten-
dant prononcer un mot, il nous arrive d'être frappé
de son sens comme d'une découverte. Ce mot,
pourtant, nous l'avions entendu mille fois ; mais il
n'avait été pour nous jusque-là qu'un son, et nous
nous avisons pour la première fois de son sens.
Que de fois aussi les expressions qui nous avaient
paru pleines de fraîcheur, animées et vivantes, deviennent tout d'un coup pour nous lettre morte et
n'évoquent plus d'images ! Les mots tirent donc
leur valeur de l'attention que nous donnons à leur

(1) Renan, *l'Avenir de la Science*, p. 290.

sens, et nous passons par des alternatives de psittacisme et de véritable langage, suivant que cette
attention languit ou se retrouve.

V

Le psittacisme étudié jusqu'ici consiste à employer des mots qui avaient pour nous primitivement un sens et qui actuellement n'en ont plus :
c'est une pensée éteinte. Il y a un psittacisme
plus complet qui consiste à employer des mots
qui pour nous, non seulement n'ont pas de sens,
mais n'en ont jamais eu. Ce psittacisme provient
de ce que nous apprenons les mots avant d'acquérir les idées. Le langage doit seulement résumer
l'expérience ; il ne la crée point et ne peut la suppléer. Tout retard de la pensée sur la parole produit un psittacisme partiel ou total. En fait, combien de personnes parlent de ce qu'elles ignorent!
Pour combien le mot *amour*, par exemple, n'est
qu'un mot ! Pour donner à ce mot tout son sens,
il faudrait en effet avoir fait l'expérience de toutes
les tendresses, il faudrait les avoir éprouvées soi-
même et les avoir observées chez les autres. Il y a
telle personne pour qui ce mot n'a point de sens
ou n'a qu'un sens borné, par exemple l'enfant, la
vieille fille ou l'égoïste. A mesure que notre vie

sentimentale s'étend, s'enrichit d'expériences nouvelles, nous épelons en quelque sorte le mot
amour, nous en pénétrons le sens. « Tous ceux
qui rentreront en eux-mêmes, dit Condillac, y
trouveront grand nombre de signes auxquels ils
n'ont lié que des idées fort imparfaites, et plusieurs même auxquelles ils n'en attachent point
du tout (1). »

Il y a entre le langage et la pensée la distance
de l'*être* au *devenir*. Nous assistons à la formation
de nos idées, tandis que les mots nous sont donnés tout formés. Les mots sont des cadres vides
que nous voyons peu à peu se remplir. Le psittacisme est donc notre point de départ. Au lieu
d'aller des idées aux mots, comme ont fait les
créateurs du langage, nous allons des mots aux
idées. Non seulement « nous jetons nos idées aus-
« sitôt que nous les concevons dans le moule
« formé par la parole », mais encore « bien avant
« l'âge où il nous sera possible d'analyser nos
« pensées, nous recevons les mots et les tours
« qui en représentent les éléments. Un enfant
« a entendu et répété les mots : *Veux-tu jouer?*
« *Je veux jouer*, longtemps avant de pouvoir
« démêler aucune des notions complexes que

(1) *Essai sur l'origine des connaissances humaines*, l. I,
sect. IV, ch. I, § 10.

« renferme cette phrase. *Son intelligence est en*
« *retard sur la formule dont il se sert* (1). Ceux
« qui ont hérité d'un langage hautement analy-
« tique, dit un penseur anglais, *doivent apprendre*
« *à penser jusqu'à lui,* à observer et à distinguer
« toutes les relations d'objets, pour lesquelles ils
« trouveront des expressions toutes formées (2). »

En résumé, les mots ne peuvent remplacer les
expériences. Ils ne peuvent évoquer les expériences chez celui qui ne les a pas encore faites.
Ils ne les évoquent même pas toujours chez celui
qui les a faites. Notre pensée tourne dans un
cercle : elle part du psittacisme, puisque l'usage
des mots précède la connaissance des choses, et
elle retombe dans le psittacisme, après en être
sortie, puisqu'on retient les mots après qu'on a
oublié les choses.

Enfin, à l'origine, nous psittacisons sans le vouloir ; plus tard, nous psittacisons de parti pris,
nous imaginons des signes qui nous dispensent de
penser aux choses. Mais ce psittacisme consenti
et voulu mérite une étude spéciale qui viendra
plus loin.

(1) Michel Bréal, *le Langage et les Nationalités* (*Revue
des Deux Mondes,* 1ᵉʳ déc. 1891).

(2) Thomson, *Laws of Thought,* cité par Ch. Bastian (*le
Cerveau et la Pensée,* F. Alcan).

CHAPITRE V

Les sensations et les images ne sont que la *matière* de la connaissance. La connaissance est essentiellement une *forme*, une synthèse, à savoir la synthèse des produits, bruts ou élaborés, de la sensation.

Cette synthèse est l'œuvre de l'imagination ou de l'entendement. L'imagination établit entre les idées un lien lâche et flottant, incertain et variable. L'entendement est la liaison des idées suivant des rapports logiques, nécessaires et universels. La langue n'exprime pas seulement le *matériel*, mais encore le *formel* de la connaissance : aux lois de l'association et de la liaison des idées répondent les lois syntactiques du langage. De même, le psittacisme ne réside pas seulement dans les mots pris isolément, mais dans le groupement ou l'arrangement des mots, dans la formation des phrases. Nous allons étudier le groupement des mots qui simule la suite ou liaison des idées, et nous distinguerons celui qui répond à la synthèse des idées suivant les lois de l'imagination et de la mémoire, et celui qui répond à la synthèse rationnelle et logique.

De même qu'il y a une *conséculion empirique* des images et souvenirs, que Leibniz a si bien définie et si nettement distinguée de la raison, il y a une conséculion machinale des mots, c'est-à-dire que les termes n'évoquant point d'idées, au lieu de se grouper et de s'exclure d'après leurs affinités et répugnances logiques, s'assemblent en phrases, suivant les hasards du souvenir ou l'analogie des sons. Les mots, en effet, en tant que sons, ont leurs associations propres : ils se répercutent et se prolongent les uns dans les autres, comme les notes successives d'une phrase mélodique. Le type le plus net de l'association des sons suivant un rapport d'analogie et de ressemblance est l'*écholalie* des maniaques. Le calembour, l'allitération, l'assonance, la rime, sont la reproduction volontaire et cherchée du même phénomène. Les mots se groupent donc d'eux-mêmes suivant des lois qui ne sont pas celles de la pensée. En outre, ils s'appellent les uns les autres, si le hasard

les a accolés dans des phrases toutes faites, res-
tées dans la mémoire, et l'association par conti-
guïté joint ses effets à l'association par similarité.
Ainsi se forme un langage incohérent et fou, dont
Rabelais a donné de réjouissants modèles (1), et
dont on trouverait aussi dans la réalité maint
exemple (2). Notons encore que, si chaque mot, en

(1) *Pantagruel*, l. II, ch. XIII.

(2) J'en citerai ici quelques-uns. On se rappelle le pro-
cès en réhabilitation de Borras, engagé par M. Marcou.
Mᵐᵉ Borras écrivit à M. Marcou la lettre suivante, qui fut
alors reproduite par les journaux : « J'espère, Monsieur
le Sénateur, que Votre Excellence ignorera ma petite instruction, mais cela n'empêche pas que au fond de mon
cœur de moi et de mon malheureux mari il y a un souvenir éternel pour votre légalité du sentiment, et les fa-
tigues que vous avez endurées pour arriver au but de
nous donner la vie, l'honneur et le bonheur, que j'atten-
dais de pouvoir embrasser mon aimable mari, tombé dans
le plus haut précipice. C'est à vous à qui nous devons
la plus grande latitude, pendant toute la durée de la vie.
Ce n'est pas la presse qui me contente à moi ; c'est vous
qui depuis longtemps nous avez consolé et nous avez
donné les preuves qui sont toujours certaines que vous
avez agi avec la plus grande énergie et la plus héroïque
pour défendre un homme condamné par erreur judiciaire.
Merci mille fois jusqu'au jour où nous pourrons vous
embrasser avec le plus grand plaisir de notre gratitude.
Nous ne partirons pas d'ici sans attendre votre bienve-
nue. Nous attendrons votre réponse, toujours une réponse de votre part, pour savoir le jour qu'il vous sera
possible de rentrer à Carcassonne. Recevez, Monsieur
Marcou, le souvenir éternel du cœur de Mᵐᵉ Borras. —
Françoise Borras. »

tant que son, a une valeur propre, les tours et
constructions de la phrase ont également la valeur
musicale d'un rythme ou d'un chant, et peuvent
être retenus et reproduits comme tels. Il suit de
là qu'un vain assemblage de mots, sonnant à
l'oreille comme un discours sensé, produit presque

J'extrais d'une lettre d'un ouvrier, ayant des lectures
et amateur de beau style, le passage suivant, qui contient
une profession de foi littéraire et politique : « J'ai bien
lu pour moi ses livres écrits par des talens qui sacrifier
leur someille, abréger leur vie pour faire sortir les
peuples déshérités abandonner dans l'ignorance par une
fraction d'hommes au cœur de grani que la révolution
par des flots de sang versé par ses barbares qui se
disent des honnêtes gens, le suffrage universel, l'œuvre
du Dru Rollin, 24 février 1848, contre les réactionnaires.
J'ai soixante-deux ans, je lute depuis 1848, je suis lenemie
de l'anarchie à main armée nous avons encore beaucoup
à faire. La renommée de la république est lancé, elle
semera les palmes et les loriers et terrassera les monar-
chie qui nous entoure et brisera ses despote qui nous
ruine à cet heure. Patience. » Tout professeur sait qu'un
verbiage analogue fourmille dans les copies d'élèves.
L'ignorance de la langue n'est pas seule responsable de
ce dévergondage de paroles; on en trouve des exemples
chez des érudits, des savants.

Voici un extrait des séances du conseil municipal de
Morlaix. Le conseil avait à délibérer sur le choix de l'em-
placement d'un collège. Le docteur Lattil, membre du
conseil, fait ressortir, à cette occasion, les inconvénients
du vent d'ouest. « Nous posons en principe, dit-il, que
tout vent sus-saturé de calorique a la vertu d'électriser
les individus de plusieurs manières. Dans l'âge viril et
chez les sujets athlétiques, sa force perturbatrice réveille

l'effet d'un tel discours : une phrase sur pied,
quoique remplie de non-sens, fait toujours à
quelque degré illusion. Molière parodie ainsi le
latin des médecins : « Salamalec, Salamalec. Ro-
drigue, as-tu du cœur ? Signor si, signor no.
Per omnia sæcula sæculorum. » Combien de pro-

le *sensorium* des régions inférieures, que les anciens
nommaient le grand œuvre de Pluton. Au contraire, les
tempéraments dont l'aisthéthère mental est trop im-
pressionnable, éprouvent une surexcitation notable dans
le centre ovale, foyer systématique des organes de l'entendement, organes qu'on regardait autrefois comme l'ouvrage des dieux. Ceux-ci se laissent emporter invincible-
ment à l'essor magique du génie qui les gouverne ; ceux-
là n'obéissent qu'à des appétibilités naissantes qui soulèvent des tempêtes purement corporelles. Ce vent phé-
noménal est nommé Kamsin par les Africains, Solanos
par les Asiatiques, Houvari dans plusieurs îles d'Amé-
rique, Auster par Jules César, Notus dans les États de
Gênes, Cousson dans les Alpes, *el vento de la solana* par
les Espagnols, Sud-Ouest en Bretagne, ce vent, disons-
nous, bouleverse tous les ans la majeure partie des ha-
bitants du globe. » Le Kamsin produit des effets divers
suivant les endroits où il souffle. « Là les influences du
Kamsin n'opèrent aucun changement sur les organes
générateurs ; la réfraction de la lumière paraît dans un
état de nihilité, et le feu du Kamsin n'arrive que *per descensum*. Le Kamsin en ce lieu ne cause donc des sensations résolutives que dans le système des abstractions,
que dans les opérations de l'entendement. Voilà pourquoi les hommes qui ont été kamsinisés *per infusum* ne
jouissent pas d'une si grande célébrité que les kamsinisés *per descensum;* ceux-ci chantent la Vénus céleste ;
ceux-là ne connaissent d'autre déité que la Vénus volup-

positions n'offrent guère plus de sens, et ne sont
autre chose qu'une suite de mots, coupés par des
virgules et des points, marqués par des chutes de
la voix, et ayant néanmoins la prétention de figurer l'enchaînement des idées ? Aucun langage ne
mérite mieux le nom de psittacisme que celui qui
se compose de mots sans suite, se répondant

tueuse... Les effets extraordinaires que produit le Kamsin
vers les endroits élevés et découverts excitent l'ébranle-
ment total des organes encéphaliques et transportent
l'homme dans ce qu'il y a de grand, d'excellent dans les
pensées, dans le style, dans les actions... Cela étant, la
commission conclut que nul lieu n'est plus favorable pour
la fondation d'un collège. » Le style décadent est de tous
les temps : l'échantillon que nous en donnons ici remonte
à l'année 1836.

Au XVII° siècle, le Père Noël, jésuite, combattant la
théorie de Pascal sur le vide, écrit cette phrase mémo-
rable : « La lumière ou plutôt l'illumination est un mouvement luminaire des corps lucides qui remplissent les
corps transparents et ne sont mus luminairement que
par d'autres corps lucides. »

On lit dans la *Tite et Bérénice* de Corneille, les vers
suivants :

> Faut-il mourir, Madame ! et, si proche du terme,
> Votre illustre inconstance est-elle encor si ferme
> Que les restes d'un feu que j'avais cru si fort
> Puissent dans quatre jours se promettre ma mort ?

Je sais qu'on a essayé de déchiffrer cette énigme, mais
Corneille, relisant ces vers, avouait lui-même à l'acteur
Baron qu'il ne les entendait plus. On nous pardonnera
d'avoir cité ces exemples. Il fallait prouver que le psittacisme existe, et nous ne voudrions pour rien au monde
qu'on nous soupçonnât de l'avoir inventé,

comme un écho, ou retenus accidentellement ensemble, et jetés par hasard dans le moule d'une
même phrase.

Le galimatias ou l'incohérence du langage peut
se concevoir par analogie avec l'incohérence des
images et, par exemple, avec les divagations du
rêve ; il s'explique par les lois de l'association et
de la mémoire. Au galimatias s'oppose la suite
correcte et réglée des mots qui simule le raisonnement ou la liaison des pensées. Parce que tout
raisonnement se laisse ramener à une formule, on
prend pour le raisonnement l'application des formules ou règles logiques. Mais le raisonnement
ne requiert point, à la rigueur, une pensée présente aux vérités dont il établit la liaison ni à la
liaison même de ces vérités : il peut être une opération machinale et aveugle. On exécute très bien
un calcul compliqué en appliquant des règles apprises par routine et dont on ne sait pas la raison.
Le raisonnement peut se réduire à la connaissance
et à l'application des règles établies, et ne ressembler en rien à l'acte de raison qui a établi ces
règles. Il s'accomplit alors en dehors de la pensée,
il est un jeu de formules, et, quoiqu'il produise
« des effets qui se rapprochent de la pensée » (Pascal), il est une pensée apparente ou verbale, un
psittacisme.

Ce psittacisme, Descartes l'a nettement analysé, sous un autre nom. Il dédaigne ce qu'il appelle « les règles des dialecticiens, » parce que ces règles, au lieu de « diriger la raison humaine, » la rendent inutile. En effet, la « dialectique » prescrit certaines formes d'argumentation » (*quasdam formas disserendi*), dont l'effet, pour conclure, est si sûr, qu'en se fiant à elles, la raison, bien qu'elle *se donne pour ainsi dire congé* (*etiamsi quodammodo ferietur*) et ne fasse pas attention au raisonnement lui-même, peut cependant quelquefois arriver à une conclusion certaine *par la seule force de l'argumentation* » (*ex vi formæ*). Les « dialecticiens », alors qu'ils raisonnent avec subtilité et concluent avec justesse, ne laissent pas d'être des perroquets, parce qu'ils ne tirent point de l'examen des questions la preuve de ce qu'ils avancent. Il leur arrive d'ailleurs d'être dupes de leur routine savante. « Ils restent empêtrés dans ces filets », (du syllogisme) « d'où l'on remarque que la vérité s'échappe souvent »; et, tandis que « les sophismes les plus spécieux n'abusent presque jamais celui qui se sert de la pure raison, ils abusent souvent les sophistes eux-mêmes ». Enfin la dialectique relève de la rhétorique, non de la philosophie, elle est l'art de parler, non de penser; elle ne sert point à découvrir la vérité, mais à exposer une

vérité connue (1). « Descartes rejette (donc) les
« formules abstraites, les définitions, les modes
« de raisonnement : il prend l'esprit tel qu'il est,
« avec son activité primitive et féconde, et il le
« laisse aller, sans lui prescrire d'autres règles que
« celles qu'il porte en lui-même. Il raisonne, sans
« se préoccuper des règles du raisonnement, à
« peu près comme les vrais poètes écrivent sans se
« soucier des poétiques (2). » En d'autres termes,
Descartes nous invite à user de notre raison, et à
ne pas répéter à l aveugle des formules apprises, si
exactes qu'elles soient. C'est en ce sens qu'il rejette
la scolastique. L'esprit, en effet, peut, sans raisonner, faire la besogne du raisonnement : il peut être
indifférent à la vérité qu il s'agit de prouver, à celle
qui sert de preuve, et à la liaison des deux ; il peut
n'être appliqué qu'à argumenter en forme. Il est
alors comme une machine qui fonctionne à vide.

Le psittacisme de raisonnement s'appelle de son
vrai nom le *formalisme*. Il ne suffit pas de définir
le formalisme ; il faut signaler ses excès et ses
dangers.

Certains esprits ont autant de goût pour le raisonnement que d'indifférence pour la vérité : ils

(1) Descartes, *Règles pour la direction de l'esprit*, x.
(2) Brochard, édit. du *Discours de la Méthode*. Éclaircis-
sement, I, p. 101. F. Alcan.

n'examinent point si les prémisses dont ils partent
et les conclusions auxquelles ils arrivent sont
justes et fondées ; il leur suffit que le passage des
unes aux autres s'accomplisse suivant les règles.
C'est ainsi que certaines gens goûtent uniquement
dans la promenade le plaisir de marcher, et s'intéressent à la distance franchie, non au but atteint
et au site parcouru. Mais, si on s'attache au raisonnement pour lui-même, on recherchera surtout les raisonnements subtils et compliqués.
En effet, on adoptera de préférence les opinions
les plus déraisonnables et les plus scandaleuses,
comme étant celles dont la justification exige le
plus grand effort de logique ; on se chargera des
causes les plus paradoxales et les plus mauvaises,
comme devant rapporter le plus d'honneur. Les
jeux d'esprit finissent mal. Le formalisme est dan-
gereux : il engendre la sophistique et la casuis-
tique. Le diable, comme on sait, est logicien. Les
casuistes, tombés dans les pires erreurs, ont eu
des mœurs innocentes : ils sont coupables surtout,
et peut-être uniquement, de pédantisme et d'or-
gueil. C'est par gageure qu'ils ont soutenu les
thèses les plus immorales : ils ne voulaient qu'exercer ou étaler leur habileté dialectique (1). On a

(1) « Quoi qu'en ait publié la calomnie, dit d'Alembert,
il faut avouer qu'aucun ordre religieux ne donne moins

chargé leur mémoire, parce qu'on n'a pas vu le principe de leurs erreurs. Ils sont accidentellement les apôtres du vice ; ils sont essentiellement les victimes de l'éducation scolastique, et représentent le type, poussé au noir, de l'esprit formaliste. Il faut donc s'indigner moins qu'on ne le fait d'ordinaire, contre l'immoralité des sophistes, mais il faut, par contre, se méfier davantage du formalisme, qui autorise ou entraîne toutes les aberrations de l'esprit, et, à leur suite, le désordre des mœurs.

En résumé, la pensée abdique en faveur du langage, soit lorsqu'elle ne se représente les objets qu'à travers leurs signes et ne soulève point, comme dit Berkeley, le « rideau des mots » qui lui voile les choses, soit lorsqu'elle s'engage dans la voie que lui tracent à l'avance des formules apprises, et ne guide point sa marche à la lumière de la raison. Le remède au psittacisme semble trouvé quand on connaît ses causes. Mais, en réa-

prise à cet égard (que les jésuites). Ceux d'entre eux qui ont écrit sur les matières les plus obscènes, ont mené la vie la plus édifiante, la plus exemplaire. C'est au pied du crucifix que le père Sanchez écrivit ses abominables et dégoûtants ouvrages, et on a dit en particulier d'Escobar, également connu par l'austérité de ses mœurs et le relâchement de sa morale, qu'il achetait le ciel bien cher pour lui-même et le donnait à bon marché aux autres. » (Bertrand : *d'Alembert*, p. 124, Hachette.)

lité, la pensée n'échappe à la tyrannie des mots qu'en exerçant sur elle-même une surveillance active ; elle a à conquérir et à défendre son intégrité par un effort constant ; elle doit rester en contact avec la réalité ; c'est en s'exerçant qu'elle acquiert et garde le sens de la vérité et de la vie.

LIVRE II

LA PENSÉE SYMBOLIQUE

CHAPITRE PREMIER

TOUTE CONNAISSANCE EST SYMBOLIQUE.

I

Il n'y a pas d'absurdité complète. Le psittacisme
est moins un fait qu'une possibilité ou tendance ;
il s'ébauche plus qu'il ne se réalise ; c'est un état-
limite ; on s'en rapproche sans l'atteindre ; il se
laisse deviner, non saisir. Il n'est point un langage
absolument sans pensée, mais un langage qui recouvre le minimum de pensée.

Mais admettons que le psittacisme soit un fait
bien établi et bien net. Il ne suffira pas de le constater et de le décrire, il faudra en pousser l'analyse

jusqu'au point où son absurdité s'évanouit, où il
devient intelligible et apparaît raisonnable par
quelque côté. En d'autres termes, on ne peut s'en
tenir à une critique négative du psittacisme : il
faut remonter à la loi psychologique qui l'engendre, et dégager cette loi de ses applications,
vicieuses ou fondées.

Le psittacisme ressemble à l'avarice. Le perroquet possède les mots, comme l'avare, les richesses,
sans en connaître l'emploi. Mais, logiquement,
l'abus ne discrédite pas l'usage, et l'avarice ne fait
pas tort à l'économie. L'avare entasse les richesses,
résolu à n'en jamais user ; l'homme économe fait
des provisions de richesses, avec l'intention d'en
tirer parti, quand le moment sera venu. Le fait de
réunir des richesses est donc indifférent en soi : il
est inspiré, suivant les cas, par la prudence ou par
la passion aveugle. De même le langage est,
comme dit Ésope, la meilleure ou la pire des
choses. Il est vain de s'attacher aux mots pour
eux-mêmes. Les mots sont une monnaie convertible, et qui doit être réellement convertie en pensée. Mais, s'il importe de ne jamais perdre de vue
l'usage de cette monnaie précieuse, il n'importe
pas moins, si j'ose dire, de réserver ses richesses
et de ne pas prodiguer sa pensée. Les mots ont
une double fonction : celle d'évoquer les images

et de les suppléer. La seconde est moins apparente, mais n'est ni moins réelle ni moins impor-
tante que la première. Le psittacisme en est la
contrefaçon et l'abus, comme l'avarice est la per-
version et l'excès de l'économie. De même que
l'exemple choquant de l'avarice force la réflexion
à se rendre compte des limites naturelles de
l'épargne, le psittacisme fait ressortir par contraste le véritable rôle de la pensée symbolique.

II

Toute pensée est symbolique, et par pensée je
n'entends pas seulement la connaissance générale
ou abstraite, mais la connaissance élémentaire ou
sensation. La pensée est en outre de plus en plus
symbolique, à mesure qu'elle s'élève on croît en
dignité. Ainsi la science a pour objet l'*universel*,
dont nous ne saurions avoir une connaissance
réelle.

La sensation est déjà *symbolique*. En effet, elle
est un état interne, qui *signifie* (on aurait tort de
dire qui *représente*) un état physiologique et un
phénomène physique. Tout signe *diffère* de la
chose signifiée : on conclut du signe à la chose,
mais on ne juge pas, ou du moins on n'est pas au-
torisé à juger, de la chose par le signe. Entre la

sensation et son objet il n'y a aucune ressemblance ou analogie. Par exemple, le son, en tant que sensation, ne nous fait connaître ni les vibrations du corps sonore et de l'air ambiant, ni le choc nerveux, consécutif à ces vibrations. Il n'a rien de commun avec les phénomènes physiques et physiologiques qu'il traduit; il en révèle la présence, il n'en laisse pas entrevoir ou deviner la nature. Le sens commun est un psittacisme qui s'ignore; il prend le signe pour la chose, lorsqu'il érige la sensation, simple état d'âme, en propriété des corps. La science psychologique, au contraire, interprète la sensation comme un langage, et comme un langage non *représentatif*, mais *symbolique*, des objets. Elle établit en outre que ce langage a le mérite d'être l'expression simplifiée d'une réalité complexe. La sensation, en effet, est indécomposable pour la conscience, et les phénomènes physiques et physiologiques, dont elle est le signe, enveloppent, comme dirait Leibniz, un détail infini.

Quand la réflexion nous convainc que la sensation exprime ou *symbolise* les corps et ne les représente point, nous éprouvons une sorte de déception. Nous nous en prenons alors aux sens de notre déconvenue; nous leur refusons toute créance, nous tenons pour vaine et mensongère

la connaissance qui en dérive. Mais il faut considérer les faits à un autre point de vue : au lieu de
vouloir que la sensation soit semblable à son objet,
il faut se féliciter plutôt qu'elle en diffère. Il est
heureux que, les objets étant complexes, leur ma-
nifestation à la conscience, ou la sensation, soit
simple. Supposons, en effet, que la sensation soit
adéquate à son objet, qu'en percevant par exemple
un son, je perçoive toutes les vibrations du corps
sonore, leur nombre, leur amplitude, leur propa-
gation dans l'air, la résistance qu'opposent à leurs
ondes les autres corps et les autres mouvements
de l'univers, etc. Je percevrai alors dans une sensation unique l'ensemble des choses, mon esprit
sera vraiment le miroir du monde. Dans cette hypothèse, mes sensations impliqueraient la connaissance de la mécanique, de la physique, de la chimie, de la biologie, etc., non telles qu'elles existent
aujourd'hui, mais telles qu'elles seront un jour, si
jamais elles sont achevées. Ayant les sens, je pos-
séderais les sciences. A première vue, il peut paraître infiniment regrettable que nous n'ayons pas
l'intuition totale de l'univers au lieu d'être condamnés à en acquérir péniblement la science toujours incomplète. Mais la nature n'a pas voulu
qu'il en fût ainsi, et on trouvera peut-être, en y
pensant, d'assez bonnes raisons pour se consoler

du sort auquel elle nous condamne. Si la sensation en effet était ce qu'on l'imagine, au lieu d'être
ce qu'elle est, elle nous absorberait trop. Déjà
l'étude d'une seule science suffit à remplir, et au
delà, toute une vie humaine. Mais alors nous
n'épuiserions jamais une sensation, par exemple
une saveur! Ne vaut-il pas mieux que nous ayons
une vue abrégée et symbolique du monde, avec la
faculté de multiplier nos points de vue sur le
monde? Qu'on songe à l'énorme travail mental
qu'impliquerait une sensation qui serait la représentation adéquate de son objet. Physiologique-
ment l'hypothèse est encore plus manifestement
absurde : il y a une charge maxima que notre cerveau ne saurait dépasser. Donc le mécanisme ima-
giné par la nature pour nous donner la connaissance du monde est le plus ingénieux et le
plus parfait que nous puissions concevoir : la
sensation n'est pas la représentation des choses,
mais elle en est le signe ; le complexe se
traduit sous la forme du simple ; suivant une
heureuse formule de Taine, « la nature nous
trompe, mais pour nous instruire ». Nous sommes
condamnés à l'illusion, mais l'illusion est encore
une connaissance. Ou plutôt l'illusion est de croire
que la connaissance est et doit être une représentation ou appréhension directe des choses; Leib-

niz l'entend autrement, et la définit avec profondeur : *multorum in uno expressio.* La loi de la connaissance est la loi d'économie. Le chef-d'œuvre de la mécanique est de réaliser le maximum de travail avec le minimum de force. Le chef-d'œuvre de l'esprit humain est d'embrasser une réalité complexe dans une perception simple, la perception simple étant, non, comme l'entend Leibniz, la connaissance complexe enveloppée, car alors elle ne serait pas vraiment simple, mais cette connaissance *signifiée, symbolisée,* et le symbole adopté étant simple. Le symbolisme est donc, sinon au point de vue de la vérité métaphysique ou absolue, du moins au point de vue de l'utilité pratique, la connaissance parfaite, la connaissance-type.

III

Toute connaissance est un langage, et le progrès de la connaissance se marque par une simplification de ses termes. La sensation est le plus bas degré de la connaissance, c'est-à-dire qu'elle est le langage le plus complexe. Mais elle est appelée à se transformer et à se simplifier.

Elle se transforme naturellement en *image,* et cette transformation équivaut à la substitution d'un langage simple à un langage compliqué.

La sensation se simplifie par cela seul qu'elle
perd de sa force. C'est une loi physiologique que
la vie ne saurait se maintenir si elle est trop in-
tense : une vie pleine, débordante, s'use et s'épuise
vite. Il est donc avantageux que la sensation, par
laquelle la vie s'exprime, aille s'affaiblissant, et
qu'étant à l'origine un état *fort*, elle se change en
cet état *faible* qu'on appelle l'image. Physiologi-
quement, la sensation est une secousse violente ;
l'image, une vibration légère des nerfs. L'une, qui
épuise l'organe, ne saurait se prolonger ; l'autre,
qui le ménage, est relativement continue. L'image
est donc une sensation affaiblie, mais dont l'affai-
blissement même constitue une condition ou une
chance de survie.

Quand on dit que la sensation, en se transfor-
mant en image, perd de sa force, on entend qu'elle
perd surtout, ou même uniquement, de sa force
émotive. Les sensations affectives sont celles qui
s'affaiblissent le plus, si elles ne sont pas les seules
qui s'affaiblissent : ainsi une douleur imaginée
n'est pas comparable à une douleur réelle, ni un
parfum évoqué à un parfum senti. Par son intensité et son caractère émotif, la sensation s'impose
à nous ; l'image nous laisse indifférents, ou, au
plus, nous dérobe un moment d'attention ; en

outre, nous l'écartons ou la faisons naître à volonté.

On méconnaît communément le caractère propre de l'imagination. L'imagination est exclusivement définie un pouvoir évocateur; en réalité, elle est aussi un pouvoir d'inhibition ou d'arrêt. Une belle imagination est, dit-on, une imagination « forte », c'est-à-dire celle qui, évoquant des sensations passées, les fait revivre dans leur plénitude, leur vivacité et leur fraîcheur premières. Cela est vrai sans doute, mais seulement en un sens. Il est bon de pouvoir ranimer les sensations éteintes, à une condition toutefois : c'est qu'en leur rendant leur éclat, on ne leur rende pas leur force tyrannique et obsédante. Le pouvoir d'oublier n'est pas moins précieux que celui de se souvenir. Il faut qu'on puisse au besoin écarter de son esprit et faire rentrer dans l'ombre les images qui ont retrouvé la vie, et nous donnent l'illusion de la réalité présente. L'imagination idéale n'est point l'imagination *forte*, autrement l'halluciné serait supérieur au poète, mais l'imagination *souple*. Ce qui distingue l'imagination des sens, c'est que ses représentations sont à quelque degré volontaires et libres, tandis que celles des sens sont fatales. Je ne peux pas échapper à la vue d'un objet placé devant moi, tandis que je puis chasser telle image

qui se présente à mon esprit et en évoquer une
autre. Si donc la force de l'imagination consiste à
égaler les sens par l'éclat de ses représentations,
son originalité ou son essence propre est de pouvoir évoquer tous les souvenirs avec le même suc-
cès et la même puissance, d'arrêter en fait son
choix sur tel ou tel d'entre eux, et de le faire surgir de l'ombre où tous les autres demeurent ense-
velis.

Toute connaissance étant symbolique, il y aura
autant de connaissances que de symboles divers.
La sensation et l'image sont des signes des mêmes
choses, mais la sensation est un signe qui nous
force à percevoir les choses, et l'image, un signe
qui nous invite seulement à nous en souvenir. Or
il vaut mieux que les choses soient symbolisées de
telle sorte que l'esprit puisse accueillir ou exclure
leur représentation, et n'ait pas à en subir le joug
importun. Les images conviennent mieux que les
sensations à exprimer les objets, parce qu'elles
sont des sensations affaiblies, discrètes, comme
volatilisées et légères, ayant perdu la faculté de
nous troubler et de nous émouvoir, et gardant
celle de nous intéresser. Elles nous rendent tous
les services de la sensation, et elles n'en offrent
pas les dangers. L'esprit est assujetti à ses sensations ; il dispose de ses images. L'image est donc

la sensation que l'esprit a disciplinée, a mise à sa
discrétion et pliée à son service.

Il suit de là qu'on donnera la préférence aux
images sur les sensations, toutes les fois que les
unes pourront remplir l'office des autres. C'est ce
qui a lieu par exemple dans la *perception extérieure*. La perception est une nuée d'images qui
tourbillonnent autour d'une sensation. La vue
d'un objet nous dispense de le palper, de le flairer,
de le goûter, comme font les enfants: elle rappelle
immédiatement les images tactiles, olfactives, gus-
tatives, auxquelles l'ont associée les expériences
antérieures. On a plus tôt fait d'évoquer en bloc ces
images que d'éprouver une à une les sensations
similaires. La sensation reste toujours le point de
départ de la *perception*, mais elle n'en est que le
point de départ : le gros de l'opération est accompli par les images, lesquelles se présentent à l'appel de la sensation. Et le progrès de la perception
se marque par la prépondérance des images; la
perception est faite d'une sensation initiale, rapide et sommaire, et d'un nombre plus ou moins
grand, souvent considérable, d'images complémentaires. La sensation est le signe évocateur des
images, et les images, ajoutées à la sensation,
sont la représentation symbolique des objets. « Des
images associées aux sensations des divers sens,

et particulièrement de la vue et du toucher, constituent les perceptions acquises, c'est-à-dire tout
ce qui, dans la connaissance des objets individuels
extérieurs, dépasse la sensation actuelle brute...
De même que la connaissance des qualités générales n'est possible que par la substitution des
signes aux perceptions et aux images, de même
la connaissance, soit des événements futurs et
passés, soit des propriétés groupées qui composent chaque objet extérieur individuel, n'est possible que par la substitution des images aux sensations. » (Taine.)

On voit clairement l'avantage et la raison d'être
d'une telle substitution. L'esprit va au minimum
d'effort. Il fuit d'instinct les impressions fortes,
qui usent et fatiguent les organes, et sollicitent
un trop grand effort d'attention ; il recherche les
impressions atténuées. La substitution de l'image
à la sensation, en même temps qu'elle diminue
l'effort mental, facilite le mouvement de la pensée : le glissement des images est un vol léger,
tandis que les sensations se succèdent d'une
marche lourde et traînante. On a vite parcouru
une longue série d'images, tandis qu'on passe len-
tement d'une sensation à une autre. Enfin, l'image
peut toujours suppléer la sensation, puisqu'elle est
la sensation affaiblie, et elle la supplée heureuse-

ment, puisqu'elle est une expression des choses aussi exacte, mais plus expéditive et plus commode.

IV

Les *sensations* sont la matière brute de la connaissance; les *images* sont cette matière déjà travaillée, rendue plus souple et plus maniable; mais elles sont elles-mêmes encore trop complexes et en trop grand nombre. La tâche de l'entendement sera de la simplifier et de les réduire, et pour cela de les convertir en *idées*. Cette conversion est si nécessaire qu'elle n'attend pas pour se produire l'intervention tardive de la raison, qu'elle s'accomplit d'elle-même, selon les lois d'un mécanisme fort simple.

L'esprit ne résisterait pas plus à l'encombrement des images qu'à celui des sensations; mais, par une heureuse application de la loi d'économie, celles-là seules subsistent d'entre les images qu'il nous est utile de retenir, à savoir les plus répétées, les plus *communes* : la fréquence des images est en effet, sinon la preuve, au moins l'indice de leur importance scientifique ou pratique. Or les diverses images particulières, en se superposant, se « recouvrent »; les éléments communs qu'elles renferment survivent seuls ou ont le plus de chance

6.

de survivre : ainsi se forment les *images compo-
sites* qui sont la première forme et l'ébauche des
idées générales. Au lieu des images particulières,
qui sont la reproduction intégrale et textuelle de
l'expérience, on a des images *génériques*, qui résu-
ment et condensent l'expérience. La simplification
ou généralisation des images a lieu en vertu des
lois de l'oubli. Il semble paradoxal de présenter
cette simplification comme un avantage. Cependant il est vrai que l'esprit perd ce qu'il a le moins
d'intérêt à garder : les images qui s'oublient les
premières sont, dans la majorité des cas, celles
dont un esprit avisé ferait le sacrifice d'abord. Il
est heureux que notre mémoire et notre imagination aient des bornes, et que nous laissions échapper la plupart des faits que nous offre l'expérience : l'oubli involontaire est comme la sélection
naturelle appliquée aux images; il est l'élimination, réellement aveugle, mais qu'on dirait raisonnée, des éléments accidentels et insignifiants de
l'expérience; il opère dans nos connaissances la
séparation de l'ivraie et du bon grain.

Toutefois, s'il n'y avait à la surabondance des
images d'autre remède que l'oubli, l'application
de ce remède offrirait un danger; comme une telle
application est en effet mécanique et aveugle, ce
ne seraient pas toujours et uniquement les images

superflues qui disparaîtraient du souvenir; et notre
mémoire, pour être préservée de l'excès, ne le serait
pas du défaut. Mais en réalité ce que nous appe-
lons oubli n'est le plus souvent qu'une suspension
de la mémoire. Nous devons distinguer deux sortes
d'oublis : l'un qui est la perte sèche ou disparition
sans retour des images, l'autre qui est la mise en
réserve prudente des images pour l'avenir. Grâce
au mécanisme ingénieux de l'association, la mémoire la plus atteinte peut en effet toujours se re-
constituer. Les images oubliées, et qui d'elles-
mêmes ne pourraient être rappelées, peuvent être
rappelées à la suite d'une autre qui s'est conser-
vée. L'association des idées est une application à
la mémoire de la loi d'économie. En effet, il
suffira de retenir une image, au lieu de deux
ou de plusieurs, si la première est un moyen
de retrouver les autres. Ainsi se trouve heureusement réduite la multiplicité des images, ou plutôt,
les images subsistant à l'état virtuel dans leur
multiplicité, l'esprit ne les retient pas, et n'a pas
à les retenir en fait toutes à la fois ; il lui suffit de
tenir présente sous son regard celle qui actuellement lui importe, sûr désormais de mettre, quand
il voudra, la main sur les autres. Grâce à l'association, l'oubli est momentané et cesse d'être in-
quiétant : les souvenirs s'en vont et reviennent à

propos. Une mémoire totale serait une dispersion
de la pensée ; une mémoire partielle, mais susceptible de reconquérir par degrés son intégrité, est
une pensée concentrée et forte.

L'oubli devient sans danger parce que l'association assure le retour des images oubliées, et il
est un avantage, parce que l'oubli de certains faits
nous permet de donner à d'autres toute notre attention.

Voyons comment s'établit le bilan de notre mémoire. Si l'objet de notre perception présente nous
intéresse par lui-même, et si les circonstances de
temps et de lieu, dans lesquelles il se produit,
sont indifférentes, ainsi que l'état mental où nous
nous trouvons, lorsqu'il apparaît, nous retien-
drons le fait, en oubliant où et quand il a eu lieu,
et comment nous l'avons connu. Nous oublierons
même que nous l'avons connu, et, quand il se pré-
sentera de nouveau à la pensée, c'est le raisonnement seul qui nous avertira qu'il a fait partie
d'une perception antérieure et que nous n'avons pu
l'inventer. La plupart de nos souvenirs sont proprement des *réminiscences :* on doit en effet donner ce nom aux perceptions qu'on ne se rappelle
pas avoir eues, mais qu'on sait seulement qu'on a
dû avoir. Le principe de causalité est le père de la
mémoire, comme de la perception extérieure. Les

idées qui constituent notre fonds mental sont presque toutes des souvenirs incomplets, en ce sens qu'elles ne reproduisent ni la totalité de l'objet perçu, ni le fait même de la perception de cet objet ; nous constatons qu'elles sont acquises, nous ne nous rappelons pas les avoir acquises. C'est ainsi que nous avons tant de peine à découvrir les règles ou procédés logiques que nous appliquons, parce que l'esprit a bien plus le souci d'accroître ses connaissances que de remarquer leur mode d'acquisition. Finalement notre mémoire est un vaste naufrage, d'où émergent quelques idées mutilées, incomplètes et dépersonnalisées.

V

Notre connaissance va se simplifiant sans cesse. La réalité donnée et concrète est complexe ; ce que l'esprit saisit de cette réalité est relativement simple ; ce qu'il retient de cette réalité est plus simple encore. La réalité perçue est un appauvrissement de la réalité donnée ; la réalité remémorée est un appauvrissement de la réalité perçue. Enfin nos images se résolvent en abstractions. L'image est comme le dessin d'un objet ; l'idée abstraite est un résidu d'images : c'est un dessin réduit à ses traits essentiels, un schéma. L'esprit, pour

faire face à la multiplicité des objets qui s'offrent
à lui, pour arriver à se les représenter tous, les
simplifie de plus en plus; à la fin, il arrive à se
mouvoir dans un monde d'abstractions.

L'appauvrissement progressif des idées, à mesure qu'elles s'éloignent de leur origine, est une
perte en quelque sorte consentie et toujours répa-
rable, donc seulement apparente. Il y a en effet
un mouvement régressif des idées, sinon réel, au
moins possible, vers la sensation originelle. Les
termes divers de la connaissance forment une série
que l'esprit peut remonter ou descendre. Ce
termes sont de plus en plus simples, de plus en
plus abstraits et éloignés de la réalité : mais ils reviennent les uns aux autres, et tous ensemble à la
sensation dont ils sont partis.

Toute connaissance, avons-nous dit, est symbolique. Étendre ses connaissances, c'est apprendre
des langues différentes, mais traduisibles les unes
dans les autres. La *sensation* est déjà la traduction symbolique et simple d'une réalité complexe :
par exemple, la sensation de couleur rouge exprime une pluralité phénoménale, à savoir un total
énorme de vibrations de l'éther. Une *perception*
exprime une pluralité d'objets, tombant sous plusieurs sens à la fois : ainsi cette ligne bleue et im-
mobile, que j'aperçois au loin, symbolise la fraî-

cheur, la houle et le bruit des vagues de la mer.
La *mémoire*, qui paraît être la sensation simplement doublée, est réellement la sensation diminuée. Et, de même que l'éducation des sens tend
à faire de l'un d'eux le substitut de tous les autres,
l'association tend à faire d'un souvenir, ou d'un
groupe de souvenirs donné, le signe de tous les
souvenirs qu'il traîne à sa suite et peut évoquer.
Les différentes espèces de connaissances sont
donc une seule et même connaissance, exprimée
en des termes différents et de plus en plus simples,
et ces expressions diverses sont si bien liées entre
elles, que l'une quelconque se ramène à toutes les
autres, ou devient le point de départ de toutes les
autres : ainsi la mémoire se substitue à la sensation, l'association à la mémoire, etc. Par là même
que les représentations symboliques reviennent de
proche en proche à l'intuition sensible, elles équivalent toutes à cette intuition.

VI

La connaissance est un symbolisme à plusieurs
degrés. On a dit les avantages et la raison d'être
de ce symbolisme ; on va en suivre l'évolution et
le progrès.

Se représenter un objet, c'est évoquer les images

visuelles, auditives, tactiles, etc., de cet objet, ou
seulement l'une d'elles, soit une image visuelle,
laquelle devient alors le signe ou point de rallie-
ment de toutes les autres. L'image, choisie entre
toutes pour représenter uniquement un objet, est
naturellement la plus caractéristique, la plus sail-
lante : c'est l'image-type. Mais naturellement aussi
les images-types se ternissent et s'effacent; plus
elles se répètent, moins elles attirent l'attention;
elles perdent chaque jour de leur valeur expressive. La raison, qui les a fait primitivement adop-
ter comme mode de représentation des choses,
disparaît donc; mais, en même temps surgit, en
dehors de l'habitude, une raison nouvelle de s'y
attacher et de les retenir. L'image effacée n'est
plus une représentation, mais un symbole des
choses. Or le passage de la représentation au
symbole constitue un progrès. On a vu en effet
que, si c'est une qualité pour un signe d'être
expressif, parce qu'il évoque directement l'idée
de la chose signifiée, c'est aussi un défaut pour
un signe d'être trop expressif, parce qu'il retient
alors l'attention qu'il devrait attirer sur la chose.
Donc l'image-type ou « image-idée », qui est déjà
un signe, à savoir le signe des images accessoires
et complémentaires de l'objet qu'elle représente,
est un signe moins parfait en un sens que l'image

effacée, indifférente, sur laquelle l'esprit ne s'arrête point, et de laquelle il passe immédiatement à l'idée de l'objet et de ses propriétés. En outre, l'image-type s'impose à l'attention, tandis que l'image indifférente ou « image-signe » ne se présente qu'à l'appel de la volonté (1).

Un signe doit être tel qu'il fixe la pensée, et permette toutefois à la pensée de s'en détacher, pour s'attacher exclusivement à la chose signifiée. Le signe est d'autant plus parfait qu'on l'aperçoit moins, qu'il est en quelque sorte plus transparent et reflète plus immédiatement l'objet qu'il désigne. Ainsi les sensations musculaires de l'œil, par lesquelles nous jugeons de la distance, ont le minimum d'intensité, sont à peine conscientes : elles remplissent néanmoins dans la perception un rôle important, et le remplissent d'autant mieux qu'elles n'ont pas d'individualité propre, qu'elles sont de purs signes. A la limite, le passage du signe à la chose signifiée est si rapide, si facile qu'on ne le remarque plus et qu'on croit saisir la chose immédiatement : l'interprétation du signe est instantanée, et donne l'illusion d'une perception intuitive. Le signe fusionne alors avec l'idée ; il se produit ce que Stuart Mill appelle un phénomène de *chi-*

(1) Cf. Egger, *la Parole intérieure*, ch. vi. F. Alcan.

DUGAS   **7**

mie mentale. C'est ainsi qu'en lisant on n'a pas conscience de tourner les pages, de déchiffrer les lettres, d'assembler les mots, et de rechercher leur sens. Tous ces actes sont oubliés aussitôt que produits, parce qu'ils « n'ont pas en eux-mêmes d'intérêt agréable ou pénible, parce que l'intérêt qu'ils présentent comme moyen disparaît aussitôt que le but est atteint (1). » Le même phénomène se produit dans l'ordre émotionnel et volontaire. « Mots et phrases, dit Edmund Clay, à force d'avoir été, grâce aux idées correspondantes, liées à des émotions, acquièrent le pouvoir d'exciter les émotions, *sans intervention des idées.* De là l'effet magique d'une liturgie, d'un mot d'ordre de parti, d'un proverbe; de là les mots polarisés des poètes (2). » Les mots éveillent primitivement telles idées, propres à exciter telles émotions; dans la suite ils n'éveillent plus ces idées, mais ils excitent directement les émotions qui y étaient liées à l'origine. « Ne pouvons-nous pas, par exemple, dit Berkeley, être affectés par la promesse qui nous est faite de quelque *bonne chose,* quoique nous n'ayons aucune idée de ce que c'est ? Ou n'est-ce pas assez qu'on nous menace d'un

---

(1) Stuart Mill, *la Philosophie de Hamilton,* tr. fr., p. 332. Félix Alcan.

(2) Clay : *l'Alternative,* tr. fr., p. 342. Félix Alcan.

danger, pour que nous éprouvions de la crainte, quoique nous ne pensions à aucun mal particulier qui semble devoir nous atteindre, et que nous ne nous fassions cependant aucune idée du danger en abstrait ? (1) » C'est ainsi que le soldat obéit au commandement et que l'orateur accompagne ses paroles de gestes appropriés, sans que leur pensée s'arrête sur la relation de l'ordre reçu au mouvement exécuté, et des paroles aux gestes. L'idée est une force, et l'esprit a résolu le problème de la communication de cette force : la fonction de l'idée est remplie par le signe. et le signe à la fin ne se distingue plus de l'idée.

Toutefois, il y a là un excès et un danger évident. La substitution du signe à l'idée s'appelle le psittacisme. Mais une telle substitution peut être seulement temporaire : elle sera alors une opération légitime, un langage correct. On ne va pas toujours du signe à l'idée. on peut avoir intérêt à revenir de l'idée au signe, et c'est pourquoi le signe, au moins dans ce cas, doit offrir une prise à la pensée, doit être une image qu'on puisse raviver au besoin, et à laquelle on puisse restituer, à l'état distinct, ses caractères spécifiques. On demandait tout à l'heure que l'image-signe fût indifférente, on de-

_____

(1) Berkeley : *Introduction au Traité des principes de la connaissance humaine*, 20, trad. Renouvier.

mande maintenant qu'elle offre un intérêt propre ;
on demandait qu'elle fût comme une flamme
éteinte, on demande que cette flamme puisse se
rallumer. Or en fait il n'existe pas et ne peut
exister de signe purement signe : tout signe est
lui-même une image, aussi effacée qu'on voudra,
mais encore apparente, et d'ailleurs susceptible
de reprendre l'éclat qu'elle a perdu. Quand on
parle de signes se substituant à des idées, on peut
donc à la rigueur entendre des idées se substituant à d'autres. Le signe a encore un autre caractère : il est universel, c'est-à-dire qu'il évoque
plusieurs idées. Il est, par définition, une image
qui en évoque une autre ; il est donc une idée au
moins double. De plus, sa fonction ordinaire est
d'évoquer, non une image définie et une seule,
mais une association ou groupe d'images, et indifféremment l'une ou l'autre des images associées.

En résumé, l'image-signe doit réunir deux caractères en apparence contraires. Elle doit être en
elle-même indifférente, afin que l'esprit passe immédiatement du signe à la chose signifiée, et elle
doit pouvoir être tirée de son indifférence, afin
que l'esprit puisse se reporter au signe toutes les
fois qu'il a besoin de chercher telle ou telle idée
pouvant être évoquée par le signe, au lieu de

l'idée que ce signe évoque spontanément, ou encore toutes les fois qu'il a besoin de remonter à
l'origine de ses idées et d'examiner la relation du
signe aux choses signifiées. L'emploi des signes en
effet est double : on va tantôt du signe aux choses,
tantôt des choses au signe ; le signe sert à retrouver les souvenirs, et les souvenirs retrouvés servent à vérifier le signe.

En analysant la connaissance, nous avons
trouvé qu'elle se ramène à un langage. Nous ne
sommes pas partis de la notion du langage pour
interpréter le fait de la connaissance ; c'est au contraire l'analyse de la connaissance qui nous a
rendu claire la notion du langage, qui nous a
montré d'abord comment le langage se forme, qui
nous a fait comprendre ensuite ce que le langage
doit être. Ainsi l'assimilation que les Grecs fai-
saient de la pensée à la parole, désignant l'une et
l'autre par le mot λόγος, paraît avoir une raison
philosophique et profonde.

CHAPITRE II

DE LA CONNAISSANCE SYMBOLIQUE PROPREMENT DITE,
OU DE LA CONNAISSANCE ABSTRAITE ET GÉNÉRALE.

I

La connaissance qu'on a étudiée jusqu'ici part
de la sensation ou s'y ramène ; elle n'est ni absolument intuitive ni absolument symbolique ; elle
est l'un ou l'autre, suivant le point de vue. En
effet, la sensation est symbolique pour le réaliste,
qui admet la distinction de l'*esse* et du *percipi* ;
elle est intuitive pour l'idéaliste, qui rejette cette
distinction. De plus, tant qu'on reste dans l'ordre
de la connaissance sensible, la substitution des
signes aux images n'est qu'ingénieuse et commode ; elle n'est point nécessaire ; la pensée pourrait être, à la rigueur, toute en images, et rien
qu'en images ; elle serait seulement alors moins
étendue et moins souple.

Au contraire, dans la connaissance abstraite et générale, qu'on appelle d'un mot la science, l'usage des signes est indispensable. La science, en un sens, n'est qu'une langue bien faite. Il n'y a point d'idées universelles ; il n'y a que des mots généraux, exprimant une pluralité d'objets particuliers, qui sont tombés ou peuvent tomber sous les sens. La connaissance dite universelle, est toute symbolique.

C'est ce qui ressort de l'analyse de l'abstraction. Abstraire, c'est considérer une chose à part d'une autre. Par choses j'entends, non-seulement les *êtres*, mais les *qualités* ou *modes*. Les *êtres* peuvent être réellement séparés, mais les *modes* sont, par définition, « ce qui n'existe que dans une autre chose, et ne peut être conçu que dans cette autre chose. » Il n'y a pas de difficulté à concevoir à part des choses qui peuvent être réellement données à part, encore qu'elles soient présentement et même ordinairement unies en fait, comme un nez et une bouche, mais c'est une question de savoir si on peut concevoir les qualités : 1° à part de l'être en qui elles résident (par exemple le mouvement à part du corps qui se meut) ; 2° à part les unes des autres, quand elles sont, en fait, non seulement unies, mais inséparables (par exemple le mouvement et l'étendue, la couleur et la forme.)

Il ne sert point de dire que l'abstraction est utile et
même nécessaire, que l'homme doit limiter sa connaissance pour la rendre possible, que la réalité
étant complexe, infinie, la pensée doit la décompo-
ser et est nécessairement analytique, fragmentaire.
Il ne s'agit pas de savoir si on doit posséder le pouvoir d'abstraire, mais si réellement on le possède.

Toutefois, on recherchera d'abord si l'abstraction est une opération logique, et à quelles conditions elle l'est. L'abstraction proprement dite consiste à séparer par la pensée ce qui dans la réalité
est inséparable, c'est-à-dire à concevoir une qua-
ité à part du sujet, auquel elle appartient, ou à part
d'autres qualités qui en sont inséparables. Elle
renferme donc une erreur matérielle. Mais, si cette
erreur est reconnue, consentie, elle cesse d'être
une erreur, elle devient une fiction. J'appelle fiction une illusion à laquelle on se prête, mais dont
on n'est point dupe. Je ne me trompe pas, en effet,
en concevant la forme à part de la couleur, si je
reconnais en même temps que l'une n'existe pas
sans l'autre. Je donne au terme abstrait son vrai
sens, en l'interprétant à la fois comme un ordre
et une défense, à savoir comme la défense d'affirmer
ce qu'il enjoint de concevoir. Ainsi j'ai le droit de
concevoir le mouvement sans l'étendue, mais je
n'ai pas le droit d'*affirmer* que le mouvement se

produise en dehors de l'étendue. L'abstraction est un artifice auquel l'esprit a recours pour simplifier la représentation des choses. La réalité est concrète, la connaissance discrète ; la réalité est un tout, la connaissance est une analyse, c'est-à-dire la décomposition du tout réel en ses parties. Mais les procédés de la connaissance ne sont pas les lois de l'être ; l'abstraction est un *modus cognoscendi*, non un *modus essendi*. Il ne faut pas confondre le possible ou le concevable avec le réel ou l'existant. L'abstraction consiste à se représenter par exemple une qualité, toujours et nécessairement donnée avec une autre, *comme si elle existait*, mais non point *comme existant* à part de cette autre. Ainsi on pose l'étendue, en sous-entendant la couleur ; mais sous-entendre n'est pas nier ; c'est simplement s'attribuer le droit de ne pas penser à la couleur, réellement donnée avec l'étendue ; c'est convenir de n'en pas tenir compte, tout en sachant qu'elle existe. L'abstraction ainsi entendue est parfaitement logique ; elle est une opération compliquée, subtile, si subtile qu'après l'avoir correctement exécutée, ou risque d'oublier la réserve expresse sous laquelle elle est faite, et d'interpréter après coup comme une différence des choses ce qu'on avait présenté d'abord comme une distinction de l'esprit. Mais cette erreur, con-

sécutive à l'abstraction, n'est pas imputable à l'abstraction elle-même.

L'abstraction est *logique* aux conditions qu'on
vient de dire. Mais il reste à voir si ces conditions
peuvent être observées, en d'autres termes si l'abstraction est *psychologiquement* réelle. Or, en fait,
la conception ne peut contredire le jugement. On
imagine sans doute plus qu'on ne sait, mais on
n'imagine point ce qu'on sait être contradictoire
ou impossible. Donc on ne peut concevoir séparées
des qualités manifestement et nécessairement inséparables. Ainsi tout mouvement est et doit être
curviligne ou rectiligne, lent ou rapide ; par suite,
je ne puis former la notion du mouvement, en
faisant abstraction de la direction et de la vitesse.
Donc l'esprit ne possède point d'idées abstraites.
Mais s'il est impossible de se représenter le mouvement *in abstracto*, c'est-à-dire un mouvement
qui ne résiderait pas en un corps donné, qui n'aurait pas une direction et une vitesse données, il
est possible de se représenter un mouvement
donné, devenant autre qu'il n'est, se produisant
dans un autre corps, prenant une autre direction,
augmentant ou diminuant de vitesse. En effet, on
constate qu'un mouvement donné ne reste pas
forcément, et même ne peut rester toujours identique à lui-même, mais se transmet d'un corps à

un autre, est tantôt rectiligne, tantôt curviligne, tantôt rapide, tantôt lent. Les changements de l'expérience nous autorisent à regarder tout phénomène, réel ou possible, comme susceptible de se produire en dehors des conditions particulières où il nous est donné et où nous l'imaginons. Le mouvement abstrait est, par définition, un mouvement qui n'appartiendrait à aucun corps, qui n'aurait aucune direction, aucune vitesse ; le mouvement abstrait serait en même temps général, c'est-à-dire que, ne se produisant dans aucun corps, il pourrait se produire dans tous, que, n'ayant aucune direction, il pourrait les prendre toutes, etc. Je dis que nous n'avons pas l'idée abstraite et générale de mouvement, mais que nous avons l'équivalent d'une telle idée. En effet, quand nous pensons ou quand nous sommes censés penser au mouvement en général, nous nous représentons toujours un certain mouvement ; mais ce mouvement, nous le concevons modifiable ; nous l'imaginons toujours dans une certaine direction, avec une certaine vitesse, mais nous ne le croyons pas astreint à garder cette direction et cette vitesse ; au contraire, nous le supposons capable de prendre toutes les directions et toutes les vitesses possibles ; et nous nous attribuons à nous-mêmes le droit ou la faculté de substituer à la direction ou à la vitesse que nous lui avions prêtée d'abord, telle ou telle autre vitesse, prise indifféremment entre toutes les directions et toutes les vitesses que notre imagination peut former. Nous ne concevons pas le mouvement abstrait ou général ; un tel mouvement ne serait ni lent ni rapide, ni à droite ni à gauche, ni en haut ni en bas ; or l'indéterminé n'est pas plus réalisable dans la pensée que dans l'être ; ce qui n'est ni ceci ni cela n'est pas seulement nul ou non existant, mais contradictoire et impossible. Mais, à défaut du mouvement abstrait et général, qui ne saurait exister et que nous ne saurions concevoir, il existe une série indéfinie de mouvements concrets et particuliers, que notre imagination conçoit, mais n'épuise point.

II

Le général, c'est l'indéterminé. Mais l'indéterminé n'existe ni dans les choses, ni dans leurs idées, qui sont forcément telles ou telles. Elle ne peut donc exister que dans la *série* que forment les choses ou leurs représentations. Plus exactement, étant donnée une série d'idées, le mouvement des idées, dans les limites de cette série, est libre et indéterminé, et c'est cette indétermination qui constitue la généralisation proprement dite.

Ce qu'on appelle une idée générale n'est en effet qu'une série indéfinie d'idées particulières : ainsi l'idée générale de triangle est la série indéfinie des triangles isocèles, scalènes, rectangles, grands, petits, tracés en blanc ou en noir, ici ou là, etc., etc. On ne saurait concevoir le triangle général ou abstrait ; on ne conçoit pas davantage la série inépuisable et infinie des triangles particuliers. Qu'est-ce donc que penser le triangle en général ? C'est se représenter *indifféremment* l'un *ou* l'autre des triangles particuliers de la série, et ainsi la généralité réside, non dans l'idée évoquée, mais dans le fait que cette idée a été librement choisie entre toutes celles de la série, et pourrait être, si on voulait, remplacée par celles qui restent. Le terme universel est *équivoque*, ou plutôt *multivoque :* il ne désigne point une idée unique, à savoir générale ou abstraite (car il n'existe point de telles idées), mais une *série indéfinie d'idées particulières*, et *l'une ou l'autre d'entre elles, indifféremment*. Ainsi le mot triangle s'applique au scalène, à l'équilatéral, à l'isocèle, etc., à tous ensemble, et à l'un aussi bien qu'à l'autre. L'interprétation d'un terme universel est une opération analogue au doute : l'esprit est indifférent entre les images d'une même série ; s'il choisit l'une d'elles, c'est de guerre lasse, et sans raison. La formule sceptique : « Οὐδὲν μᾶλλον,

Pas plus l'un que l'autre, » est ici de mise. Entendre un terme universel, c'est évoquer telle ou
telle idée particulière, subsumée sous ce terme,
en se disant qu'on n'a pas plus de raison d'évoquer celle-ci que celle-là.

Ainsi je n'ai et ne puis avoir que des notions
tirées de la réalité ou conformes à la réalité, c'est-à-
dire particulières ; je ne forme pas et je ne sens pas le
besoin de former des notions irréalisables, comme
seraient les notions abstraites et générales. Cependant je m'attribue le pouvoir de généraliser ; mais
par là je n'entends rien de plus que le pouvoir de
passer d'une idée particulière à d'autres idées particulières qui lui ressemblent. Une idée, dite générale, est en réalité une idée particulière, posée
comme premier terme d'une série. Le schème de
l'idée générale serait une idée particulière, suivie
de plusieurs points, ..., ou de la formule *etc.* Ainsi
je ne *conçois* pas le mouvement en général, mais
je *puis concevoir* tantôt une forme de mouvement,
tantôt une autre, et c'est dans le *pouvoir* de passer
d'une forme à l'autre, sans m'arrêter à aucune, ou de
m'arrêter à l'une d'elles, mais en la prenant seulement pour type des autres, que consiste la prétendue
idée générale et abstraite de mouvement (1).

(1) Cf. Fouillée (*la Liberté et le Déterminisme*, F. Alcan, l. II,
ch. II, § 2, pp. 143 et 144) : « Pour exprimer le caractère de

III

En quoi consiste ce pouvoir que j'ai d'évoquer telles ou telles idées particulières, et de concevoir ces idées comme faisant partie d'une même série? Puis-je former un genre, en éliminant tous les caractères par lesquels diffèrent les individus de ce

généralité que nous trouvons dans toute pensée et dans toute affirmation, les écoles rivales, et même le conceptualisme, ont toujours cherché quelque *objet* auquel pût s'appliquer notre pensée, quand elle conçoit le général. Mais les nominalistes forcent bientôt les réalistes et les conceptualistes à reconnaître qu'en croyant apercevoir ou simplement concevoir le général, ils n'ont pour objet d'aperception et même de conception que des images particulières ou des mots particuliers. En effet, si je veux penser la couleur en général, je ne puis apercevoir réellement un *objet général*, qui serait la couleur, sans être telle ou telle couleur. Je suis toujours obligé ou d'appliquer ma pensée au mot couleur, qui n'est lui-même qu'une image particulière, sans autre généralité que celle que j'y mettrai, ou d'appliquer ma pensée au blanc, au rouge, au bleu, qui sont des couleurs particulières, et non la couleur en général. Les réalistes ne pourraient donc, sans retomber dans les entités scolastiques, citer quelque objet vraiment général, saisi par une perception intime, et auquel pût s'appliquer notre pensée, indépendamment des mots ou des images. Faut-il admettre alors un nominalisme complet, et croire que notre pensée s'épuise dans ces mots ou ces images particulières? Non, le défaut commun à ces doctrines, c'est qu'elles regardent trop vers les objets, *et cherchent la généralité dans la*

genre, et en réunissant tous les caractères par lesquels ces individus se ressemblent? Puis-je former
par exemple le genre triangle, en additionnant
tous les caractères communs à tous les triangles
(caractères dont l'énumération est donnée dans la
définition suivante : Le triangle est la figure formée
par trois droites qui se coupent deux à deux) et en
excluant tous les autres caractères, comme variant

*matière de la pensée, tandis qu'il faudrait la chercher dans
le sujet même et dans l'acte de la pensée.* On obtiendrait
ainsi une sorte de conceptualisme dynamique, et non idéaliste.

« Comment est-ce que je procède pour me représenter
la couleur en général? Je reproduis par l'imagination les
sensations du rouge, *puis* du vert, *puis* du bleu; et dans
ce *mouvement* intérieur je prends une conscience plus
claire *du pouvoir que j'ai de me porter vers divers objets,
pouvoir indéfini qui ne s'épuise pas en eux.* Ce n'est pas
dans ces objets mêmes que réside la généralité, c'est-à-
dire une possibilité indépendante du temps particulier et
de l'espace particulier, et s'étendant au delà de mes sensations et de leur résidu. Cette extension générale est
*dans le pouvoir dont j'ai conscience comme dépassant l'objet
particulier sur lequel il agit. La généralisation semble l'acte
par lequel je combine la conscience permanente de ma puissance intime avec telle ou telle représentation particulière.* Le
mot couleur est un nom commun parce que je puis (moi,
dis-je, et non pas lui) le poser, pour ainsi dire, à mon
gré, sur le blanc, le bleu, le rouge; il devient l'instrument et l'esclave docile de ma volonté, qui seule est générale. La généralité serait ainsi tout d'abord l'expression
déterminée d'une puissance enveloppant et concevant
l'infini; conséquemment elle exprimerait la liberté. »

d'un triangle à l'autre? (Exemple : la longueur des côtés, la grandeur des angles, etc.) Non ; je ne saurais aucunement me représenter la figure limitée par trois droites qui se coupent deux à deux, sans que la longueur de ces droites me soit donnée, et sans que les angles qu'elles forment me soient également donnés comme droits, ou aigus, ou obtus. La définition du triangle en général, n'énumérant que les caractères communs à tous les triangles, n'indique pas tous les caractères qui entrent nécessairement dans l'idée d'un triangle quelconque, et, si elle indiquait tous les caractères qui entrent nécessairement dans l'idée d'un triangle quelconque, elle indiquerait d'autres caractères que les caractères communs à tous les triangles. L'addition et la soustraction combinées ne suffisent donc pas à expliquer l'abstraction et la généralisation. La définition qu'on a donnée du triangle en général établit ce qu'un tel triangle ne doit pas être, à supposer qu'il existe; elle n'établit pas qu'il *existe*, ni même qu'il *puisse exister;* et en effet un tel triangle n'existe pas. L'idée du triangle en général est une idée négative, une pseudo-idée : un triangle ni grand ni petit, ni isocèle ni scalène, ni rectangle, n'est pas un triangle. Si l'on veut donner du triangle en général une définition satisfaisante pour l'esprit et qui ne soit plus négative et

nominale, mais positive et réelle, il faut s'exprimer
autrement et dire : Le triangle en général, c'est un
triangle grand *ou* petit, isocèle *ou* scalène, *ou* rectangle, etc. ; en un mot, c'est l'un quelconque des
triangles concevables ou possibles; un tel triangle
aura d'ailleurs les caractères mentionnés dans la
définition comme communs à tous les triangles
particuliers; mais il ne sera pas et ne pourrait pas
être constitué uniquement par ces caractères.
Donc il n'existe pas « d'idées générales ou abstraites », répondant à la définition « de chaque
nom général ». Bien plus, « il n'existe rien de tel
qu'une signification définie et précise, annexée à
chaque nom général : les noms généraux expriment tous indifféremment un grand nombre
d'idées particulières ». On confond le fait d'appliquer toujours exactement la même définition, de
prendre toujours un même mot dans le sens con-
venable, et le fait de donner à ce mot toujours
exactement le même sens. « Autre chose est d'affecter constamment un nom à la même définition,
autre de le prendre pour représenter toujours la
même idée. Le premier procédé est nécessaire le
second est inutile et impraticable (1). » Ainsi j'applique le mot triangle tantôt à l'isocèle, tantôt au

(1) Berkeley, *Traité des Principes de la connaissance
humaine*, introduction.

rectangle, tantôt au scalène; dans aucun cas, je ne l'applique à la même idée, mais dans tous les cas je l'applique bien.

IV

S'il n'y a que des idées particulières, qu'est-ce donc que l'idée dite générale? C'est une idée particulière, en quelque sorte provisoire, que l'esprit pose comme un jalon pour marquer le premier pas d'une marche en avant. C'est une idée au delà de laquelle on en aperçoit d'autres, et ce n'est pas dans l'idée, mais dans cet au delà qui l'enveloppe que la généralité réside. L'universalité est mieux encore attribuée aux mots qu'aux idées : un mot en effet peut signifier à la fois plusieurs idées ; du moins, il nous en fait entrevoir plusieurs, s'il ne nous en fait voir qu'une. « Un mot devient général, dit Berkeley, quand il est pris pour signe, non d'une idée générale abstraite, mais de *différentes idées particulières, chacune desquelles est suggérée indifféremment à l'esprit par ce mot* (1). » Le terme

---

(1) Berkeley, *loc. cit.* — Cf. Lyon, *la Philosophie de Hobbes*, p. 43, F. Alcan. Le nom universel ne désigne pas une collectivité prise en bloc. Lorsque je dis *homme*, je ne désigne pas la race humaine, mais *chacun des individus de cette race indifféremment.* Par conséquent, « pour comprendre la valeur d'un *universel*, il n'est pas besoin d'une

universel fait naître dans l'esprit telle idée particulière, mais en même temps il suscite ou réveille
le pouvoir de concevoir d'autres idées de même
sorte, et indique en quelque sorte la voie à suivre
pour les trouver. Quand je pense à la couleur en
général, je me représente toujours en fait une couleur particulière, mais il y a quelque chose de plus
dans mon esprit que cette couleur particulière que
j'imagine ; il y a le sentiment obscur, indéfinis-
sable, mais réel, que j'aurais pu et que je pourrais
encore imaginer, à la place de la couleur particulière à laquelle j'ai pensé, une autre couleur particulière quelconque ; c'est ainsi que, suivant les

autre faculté que de l'*imaginative*, grâce à laquelle il
nous revient que des paroles de ce genre ont évoqué
dans notre esprit *tantôt ceci, tantôt cela.* » (Hobbes, *De Cor-
pore*, ch. II. § 9.) — Cf. Boutroux, *Introduction à l'étude des
Nouveaux Essais de Leibnitz*, Delagrave, p. 38. Leibnitz
distingue un *tout collectif* et un *tout distributif.* « Quand
nous disons : Tout homme est un animal, ou, ce qui est
la même chose : tous les hommes sont des animaux, le
sens est distributif et consiste en ceci : *Soit que tu consi-
dères Titus, Caïus, ou tel homme que tu voudras*, tu trou-
veras nécessairement que chacun d'eux est un animal. »
(*Erdm.*, 70 *a*.) Nous prenons plaisir à réunir des textes
empruntés aux philosophes les plus divers. Il ressort de
leur rapprochement que la même vérité psychologique
force l'entrée de tous les systèmes. La théorie que nous
exposons ici se fait jour chez un grand nombre de penseurs indépendants ; elle se trouve dans leurs écrits
éparse, ébauchée ou déjà mûre ; nous n'avons eu en
quelque sorte qu'à la cueillir.

partisans du libre arbitre, quand je prends une
résolution, j'ai conscience que j'en peux prendre
une contraire, encore que je ne la prenne pas, la
liberté étant, dit Condillac, le pouvoir de faire ce
qu'on ne fait pas et de ne pas faire ce qu'on fait.

Ce qu'on désigne communément, et fort mal,
sous le nom d'idée générale est une opération par
laquelle l'esprit évoque une idée particulière, mais
ne l'a pas plus tôt évoquée qu'il aspire déjà à la dépasser. Cette pensée qui aspire à être, et qui
s'ajoute à une pensée déjà existante ou réelle, est
un intermédiaire entre l'être et le néant; c'est
une *virtualité*, une *puissance*. On a rayé bien à
tort de la langue de la psychologie le terme obscur, mais nécessaire, de *faculté*; ce terme, il faudrait le remettre en honneur, et le rétablir, non
dans ses privilèges et abus d'autrefois, mais dans
son usage légitime. On ne ferait que suivre en cela
l'exemple d'autres sciences. Comme les physiciens
distinguent une énergie *actuelle* et une énergie
potentielle, pourquoi ne distinguerions-nous pas
une pensée *en acte* et une pensée *en puissance?*
Une force n'est pas anéantie quand elle cesse de
se manifester au dehors par des mouvements,
quand elle réside dans un corps à l'état de repos
ou d'équilibre; la pensée non plus n'est pas nulle,
parce qu'elle est recueillie, ramassée sur elle-

même et comme à l'état de tension. La connaissance générale n'est pas nulle et sans objet,
comme le prétendent les nominalistes; mais elle
n'a pas non plus un objet *réel*, elle n'est pas proprement une pensée, comme le croient les conceptualistes; elle est une pensée en puissance. Mais,
comme la force potentielle se transforme inces-
samment en force vive, la pensée générale et abstraite se transforme en images particulières et
concrètes.

La notion de *faculté* nous est si nécessaire pour
comprendre la généralité, que Taine, qui a si for-
tement dénoncé l'obscurité et le vide de cette notion, et qui lui a fait une si rude guerre, comme à
un survivant attardé des idoles métaphysiques ou
entités scolastiques, n'a pu cependant la chasser de
son esprit, et l'invoque, à son insu, sous un autre
nom, lorsqu'il en vient lui-même à rendre compte
de la formation de l'idée générale. Quand nous
avons parcouru du regard une série d'arbres différents, ou de tableaux d'un même maître, « une
tendance distincte », dit-il, s'éveille en nous, « tendance qui provoque une expression et, entre autres
expressions, un nom (1) ». Qu'est-ce que cette *tendance*, sinon une faculté que la perception a dé-

(1) Taine, *l'Intelligence*, 3ᵉ éd., t. I, p. 41. Hachette.

veloppée en nous, faculté de saisir nettement, clairement et d'un coup d'œil ce que tout à l'heure
nous démèlions avec peine dans un chaos d'impressions troubles et confuses? Dire qu'un nom
exprime une « tendance » qui se dégage en nous
à la vue d'objets semblables, c'est dire que ce nom
n'exprime pas seulement une impression ou un
résidu d'impressions diverses, qu'il ne traduit pas
seulement, mais qu'il *anticipe* encore l'expérience.
Dès lors le mot *tendance* n'est-il pas synonyme de
faculté, et n'exprime-t-il pas, non un état de conscience momentané, comme serait une idée, mais
une fonction durable, en laquelle se résume l'expérience passée, et se dessine l'expérience à venir?

L'idée générale que Taine désigne obscurément
par le terme de *tendance*, Hume l'appelle de son
vrai nom : une *habitude*. Quand nous remarquons
une ressemblance entre plusieurs objets, nous
leur donnons à tous le même nom. Ce nom éveille
dans l'esprit un de ces objets, forcément conçu
sous des traits propres et singuliers. Mais, « comme
le même nom est supposé avoir été fréquemment
appliqué à d'autres individus, différents, sous plusieurs rapports, de cette idée qui est immédiatement présente à l'esprit, le *mot, n'étant pas capable
de réveiller l'idée de tous ces individus, ne fait que
toucher l'âme*, s'il m'est permis de parler ainsi, *et*

réveille celle habitude que nous avons acquise en les considérant. Ils ne sont pas *réellement et en fait* présents à l'esprit; ils ne le sont *qu'en puissance*; car nous ne nous les *figurons* pas tous distinctement dans l'imagination; mais *nous nous tenons prêts à contempler* quelques-uns d'entre eux, si nous y sommes poussés par un dessein ou par une nécessité présente (1). »

Le terme universel éveille : 1° une ou plusieurs idées; 2° une habitude.

1° L'idée, rappelée par le terme universel, étant nécessairement particulière, il faut, pour qu'on puisse lui attribuer néanmoins une valeur générale, que cette idée joigne à sa fonction propre, qui est de représenter une réalité donnée, une fonction accessoire qui est d'évoquer d'autres idées. « Une idée qui, considérée en elle-même, est particulière, devient générale, dit Berkeley, quand on la prend pour représenter toutes les autres idées particulières de la même sorte et en tenir lieu (2). » Ainsi l'idée d'un morceau de sucre, pris pour échantillon d'une cargaison, est *individuelle*, en tant qu'elle représente tel morceau de sucre, et *générale*, en tant qu'elle représente, à

---

(1) Hume, *Traité de la nature humaine*, liv. I, 1re part., sect. VII, trad. Renouvier et Pillon.

(2) Berkeley, ouv. cité.

l'aide de ce morceau de sucre, tout le sucre de la cargaison. L'idée, évoquée par un terme universel, est donc *particulière* en elle-même ou en tant qu'*idée*, mais elle acquiert une valeur *universelle*, en tant qu'elle est interprétée comme *type* ou *signe* d'autres idées. En d'autres termes, chaque nom général éveille dans l'esprit une idée particulière; celle-ci, à son tour, joue le rôle de signe et éveille une autre idée; cette autre, une troisième, et ainsi de suite. La généralité ne réside pas dans les idées, mais dans la série qu'elles forment, car cette série est indéfinie. N'est-ce pas dire que notre pensée n'atteint pas le général, au moins en fait? qu'elle n'embrasse pas tous les termes de la série d'idées particulières, que représente une idée générale, encore qu'elle soit et se juge capable de parcourir ces termes un à un? N'est-ce pas dire enfin que la prétendue idée générale et abstraite n'est autre chose qu'une série d'images *virtuelles* dont le premier terme seul est donné, ce terme étant lui-même une image *réelle*?

2° Hume l'a remarqué, *en fait* on ne pense pas le général, parce qu'on ne va jamais et qu'on ne saurait aller jusqu'au bout de cette série indéfinie d'images, que chaque terme universel enveloppe. La connaissance générale n'est et ne peut être qu'une pensée *enveloppée* et *virtuelle*, qu'une *puis-*

sance ou une *habitude*. « Il est certain, dit Hume, que nous formons l'idée d'individus, toutes les fois que nous employons un terme général, que nous pouvons épuiser rarement ou jamais le nombre de ces individus, et *que ceux qui restent ne sont représentés qu'au moyen de cette habitude, par laquelle nous les rappelons, quand l'occasion le demande* (1). »

Mais, si le terme universel « ne fait que toucher l'âme, et éveille seulement l'habitude que nous avons acquise, en considérant des objets particuliers qui se ressemblent », on demandera comment une telle habitude peut être appelée une pensée, ou peut tenir lieu de pensée. Une *habitude* ou *faculté* n'est, sinon réelle, au moins consciente, qu'autant qu'elle se résout en *opérations* et en *actes*. Mais aussi l'habitude, à laquelle nous réduisons l'idée générale, éveille toujours quelque idée particulière ; sans doute elle n'éveille pas toutes les idées particulières qu'elle pourrait éveiller, mais elle en éveille assez, pour attester sa présence et donner la mesure de son pouvoir. « Le « mot (universel) suscite, dit Hume, une idée indi- « viduelle, et en même temps une certaine habi- « tude ; et cette habitude produit telle autre idée

(1) Hume, ouv. cité.

« individuelle où nous pouvons avoir occasion de
« nous fixer. Mais, comme la production de toutes
« les idées auxquelles le nom peut être appliqué
« est, dans la plupart des cas, impossible, nous
« abrégeons ce travail, le bornant à une consi-
« dération plus partielle, et nous ne trouvons
« que peu d'inconvénient à donner ce travail
« abrégé pour base à notre raisonnement (1). »
Penser le général, ce n'est donc pas parcourir
toute la série d'idées particulières qu'exprime un
terme universel, c'est l'avoir parcourue, au moins
en partie, c'est être en état et se sentir en force
de la parcourir tout entière.

Dira-t-on qu'on n'a pas, qu'on ne peut pas avoir
conscience d'un *pouvoir*, qu'on n'en juge et qu'on
n'en peut juger que par l'effet? (2) Je réponds
d'abord que l'effet se produit ici dans une certaine
mesure, qu'il n'est pas sans doute entièrement
donné, mais qu'il est esquissé vaguement, qu'il
est pressenti, sinon senti. J'ajoute qu'un specta-
teur du dehors devrait en effet induire la faculté
de l'acte, mais que le moi, ayant une fois saisi la
faculté dans l'acte, saisit désormais la faculté
antérieurement à l'acte, ou dans l'ébauche de

(1) Hume, ouv. cité.
(2) Sur cette question, voir Fouillée, *la Liberté et le Déterminisme*, liv. II, ch. I, § 2. F. Alcan.

l'acte. « Je sais ce que je vaux, » dit Corneille, c'est-à-dire je sais ce que je *peux*, et non pas seulement ce que je *fais*. Et je n'ai pas à me prouver à moi-même ce que je serais tenu de prouver à d'autres. Pour *faire voir* par exemple que je connais la couleur en général, je devrais énumérer toutes les couleurs particulières, que j'ai expérimentées et dont j'ai gardé le souvenir, mais pour *voir* que je connais la couleur en général, je n'ai pas besoin de faire mentalement cette énumération, je sens que je pourrais la faire, et cela me suffit. C'est ainsi qu'on tient à bien établir ses droits, qu'on en sent tout le prix, qu'on s'en montre jaloux, et que cependant on ne les revendique point, faute d'occasion jugée suffisante. C'est ainsi encore que l'exercice du libre arbitre est accidentel et rare chez tous, les caractères faibles reculant devant le moindre parti à prendre, et les caractères fermes n'éprouvant pas le besoin de faire des actes inutiles d'autorité; mais, si rarement qu'on en use et alors qu'on en use jamais, le libre arbitre n'en paraît pas moins un pouvoir précieux, qu'on aime à posséder et à sentir. La faculté de réaliser les idées particulières, subsumées sous chaque terme général, est aussi un pouvoir qu'on possède plus qu'on ne l'exerce: on répugne d'autant plus à l'exercer que, le voulût-on, on sent bien qu'on ne l'épuiserait jamais; ayant trop à faire, on ne fait rien, ou on ne fait rien qu'à demi. Comme on a le choix entre un grand nombre d'idées particulières, on en choisit une, sans plus; ou même on n'en choisit aucune; on se contente du mot qui les désigne toutes indifféremment. Ainsi, penser à la couleur en général, ou bien c'est penser à une couleur particulière, prise en quelque sorte au hasard du souvenir; ou bien, c'est s'interdire de penser à aucune couleur particulière, et n'avoir dans l'esprit qu'un nom, mais savoir qu'on peut, à l'aide de ce nom, évoquer une couleur particulière quelconque, ou successivement les évoquer toutes. L'esprit se fait crédit à lui-même, et se paie présentement de mots, sachant qu'il pourra, quand il lui plaît, convertir ses mots en idées. La pensée abstraite et générale est donc la pensée *verbale* ou *potentielle*, substituée à la pensée *imaginative* ou *actuelle*.

V

Nier qu'il existe des idées abstraites et générales, et dire que ces prétendues idées sont des habitudes qui se résolvent en idées particulières, c'est rejeter la fiction conceptualiste, sans donner gain de cause pourtant au nihilisme nominaliste.

8.

En effet, le nom général n'est pas un pur nom ; il n'éveille pas sans doute une idée unique et abstraite, mais il éveille directement une habitude, et indirectement une multiplicité indéfinie d'images concrètes.

Le postulat fondamental du conceptualisme est que les mots éveillent toujours des idées, et éveillent seulement des idées. Or, en fait, il est des mots qui n'éveillent point d'idées, encore qu'ils aient le pouvoir d'en éveiller, et il en est d'autres qui signifient, non point des représentations, mais des sentiments, des tendances, des habitudes et des actes. On limite singulièrement la portée du langage, quand on croit qu'il est créé uniquement pour les besoins de l'intellection.

Établissons d'abord que la plupart des mots n'éveillent point d'idées, même alors que leur fonction est représentative.

« Un peu d'attention montre, dit Berkeley, qu'il n'est point nécessaire, même dans les raisonnements les plus exacts, que les noms significatifs qui représentent des idées excitent dans l'entendement, toutes les fois qu'ils sont employés, ces idées que leur fonction est de représenter. En effet, on se sert en très grande partie des noms, soit en lisant, soit en discourant, comme on fait des lettres en algèbre, lesquelles désignent respectivement des quantités particulières, sans qu'on soit obligé pour cela, et pour procéder correctement, de penser à chaque ins-

tant, à propos de chaque lettre, à la quantité particulière qu'elle est appelée à représenter (1). »
C'est surtout dans l'ordre de la pensée générale
qu'on fait le plus grand usage des mots et qu'on réalise la plus grande économie d'idées. « Les noms généraux s'emploient souvent, conformément aux lois
du langage, sans que celui qui parle les affecte à marquer, dans ce qu'elles ont de propre, les idées qu'il
voudrait qu'ils fissent naître dans l'esprit de celui
qui les écoute (2). » — « En fait, dit aussi Ed. Clay,
*les mots fonctionnent si bien d'une manière suffisante
sans les idées*, l'esprit est si bien porté par indolence à user de toute l'utilité des mots, que c'est une
opération généralement rebutante, lente, difficile,
d'éveiller des idées... *Le nom prend la place de l'idée
comme objet immédiat*, dans la plupart de nos opérations discursives qui la concernent. Nous discernons
une fois pour toutes, dans une figure géométrique,
un *propre* au sens logique du mot : ainsi, dans un
triangle, l'égalité de la somme des trois angles avec
deux droits. Nous lui donnons un nom ; après quoi
ce nom dispense notre esprit de reproduire un symbole des circonstances concrètes de ce propre, à
chaque fois que nous avons occasion d'y penser.
Grâce à cette économie, nous suffisons presque entièrement aux besoins de notre pensée et de nos
communications intellectuelles, *sans intervention des
idées* (3). »

Si le langage se substitue ainsi à la pensée, s'il en

---

(1) Berkeley, *Traité des principes de la connaissance humaine*, introduction.

(2) Id., *ibid*.

(3) Clay, *l'Alternative*, trad. Burdeau, p. 339. F. Alcan.

est l'équivalent et en remplit la fonction, c'est
qu'il est toujours traduisible en idées, c'est qu'il
est une pensée latente, virtuelle. Si les opérations
de l'arithmétique et de l'algèbre sont toujours mé-
caniques, en ce sens que nous ne pensons pas,
au cours de ces opérations, aux objets que représentent les nombres, aux quantités que représentent les lettres, du moins nous pouvons y penser,
et nous y pensons en effet, quand, les opérations
faites, nous substituons aux signes leurs valeurs.
Donc le signe n'est pas un *flatus vocis*; il peut
éveiller des images, alors qu'il n'en éveille point ;
il est « une possibilité permanente d'idées », non
une possibilité logique ou abstraite, une virtualité
pure, mais une tendance réelle et sentie, un fait
psychologique, qu'on désigne bien sous le nom
d'habitude. Ainsi tout langage est et doit être
convertible, mais n'est pas et n'a pas besoin d'être
présentement converti en idées : la parole n'exprime pas seulement la pensée réelle, mais encore
la pensée possible.

Alors que les mots n'expriment point d'idées,
mais seulement des habitudes, on ne laisse pas
d'en saisir le sens et d'en diriger judicieusement
l'emploi. On peut savoir en effet à quoi un terme
convient, à quoi il ne convient pas, sans savoir ce
que proprement il désigne. Laissons courir notre

pensée ; elle glissera sur les mots et n'évoquera point d'images. Mais néanmoins elle s'arrêtera net, aura un sursaut, éprouvera comme un choc, si un terme est employé à contresens dans une phrase. « Ainsi, si au lieu de dire *que dans la guerre les faibles ont toujours recours aux négociations,* on dit *qu'ils ont toujours recours à la conquête,* » bien qu'on ne joigne pas d'idées distinctes et complètes aux mots *faibles, négociations, conquêtes,* « *l'habitude que nous avons acquise d'attribuer certaines relations aux idées suit encore les mots,* et nous fait immédiatement saisir l'absurdité de cette proposition (1) ».

« Dans sa longue association avec l'expérience de l'objet et avec l'image de l'objet, le mot, dit Taine, a contracté des affinités et des répugnances ; il nous traverse avec ce cortège de répugnances et d'affinités ; pour peu que nous l'arrêtions, l'image qui lui correspond commence à se reformer ; elle l'accompagne à l'état naissant ; *même sans qu'elle se reforme, il agit comme elle...* » Le mot est « un système de « tendances, toutes correspondantes à celles de « l'image, toutes acquises par lui dans son com- « merce avec l'expérience et l'image, mais *à présent* « *spontanées,* et qui opèrent, tantôt pour le rappro- « cher, tantôt pour l'écarter des autres mots ou « groupes de mots, images ou groupes d'images, ex- « périences ou groupes d'expériences. De cette façon.

(1) Hume, ouv. cité.

« le *mot tout seul peut tenir lieu de l'image qu'il éveil-*
« *lait,* et par suite de l'expérience qu'il rappelait ;
« *il fait leur office et il est leur substitut* (1). »

De même qu'on peut détacher son esprit des
idées pour considérer surtout et presque uniquement leurs relations, on pourra retirer son attention aux mots pour la donner toute aux attrac-
tions et aux répulsions des mots, et on en viendra
à percevoir en quelque sorte directement ces at-
tractions et ces répulsions. Qu'est-ce à dire sinon
que le langage exprime parfois, au lieu de la pensée, la marche de la pensée, et est comme le tracé
du courant qui emporte les sensations et les
images, au lieu d'être l'enregistrement de ces sensations et de ces images ? Les termes universels
en particulier expriment des formes, et non plus
des produits de l'imagination, des habitudes de
l'esprit, et non plus des idées. La pensée qui a pour
objet le général est presque toute symbolique ;
elle ne remonte pas des mots aux idées ; et néanmoins elle se déroule logiquement ; elle va son
chemin, sans hésitation et sans trouble ; elle est
une opération de l'esprit, que l'habitude soutient
et en partie dirige.

(1) Taine, *l'Intelligence*, t. I, p. 51. Hachette.

VI

On ne sait pas toutes les ressources et toute la subtilité du langage. On croit qu'il ne sert qu'à marquer les idées; en réalité, il traduit toute attitude de l'esprit en face des choses, et n'est pas moins habituellement employé à rendre le mouvement de la pensée que la pensée même. A côté des mots qui expriment des idées, comme les adjectifs et les noms, il y en a d'autres, comme les conjonctions et les prépositions (*mais*, *car*, *cependant*, etc., *pour*, *de*, *avec*, etc.) qui expriment de simples relations, c'est-à-dire des convenances logiques entre les idées.

On emploie des termes comme *si*, *et*, qu'on serait embarrassé de définir, car le langage est en avance sur la pensée, du moins sur la pensée claire. On trouve moyen de rendre des nuances de sens dont on n'a qu'un sentiment confus. Ainsi les logiciens discutent sur la signification du verbe *être* dans la proposition (1). La relation exprimée par ce verbe est-elle celle de *mode à substance*, ou *d'individu à espèce*, ou les deux ensemble? Est-elle la *coexis-*

(1) Sur cette question. voir Condillac, *Grammaire*, 1ʳᵉ part., ch. VIII. — Egger, *Jugement et ressemblance*, dans *Revue philosophique* (juillet-août 1893). F. Alcan

lence ou la *similitude* des idées ? Le vulgaire n'entre
pas dans ces distinctions ; il les fait pourtant ; il
en sent, s'il n'en comprend pas la justesse. « En
réalité, il n'y a pas une conjonction ou une prépo-
sition, pas un adverbe ou une forme syntactique,
il y a à peine une inflexion de voix qui ne corres-
ponde à quelque relation dont nous avons clairement et directement conscience. Nous devrions dire
un sentiment de *si* et un sentiment de *et*, un sentiment de *mais* et un sentiment de *par*, comme nous
disons un sentiment de froid et de chaud. Nous ne
le disons point, et ces états de conscience, qui sont
comme la trame de la pensée, nous les oublions,
absorbés que nous sommes par l'éclat et la force des
sentiments et des images. » Des expressions comme
bien que cela soit, cependant... ne correspondent à
aucune image ; elles indiquent un mouvement logique de la pensée, une direction mentale. Tous
ces phénomènes sont des sentiments de *tendance ;*
on ne leur a pas donné la place qui leur revient, à
cause de leur imprécision (1). Ainsi le langage
exprime la pensée à l'état *dynamique* aussi bien
qu'à l'état *statique ;* il traduit les relations aussi
bien que les idées. Il est un instrument délicat qui
permet au besoin d'assourdir les notes trop écla-

(1) Marillier, *la Psychologie de W.-James,* in *Revue phi-*
losophique (1892-93). F. Alcan.

tantes de l'image, pour mieux faire ressortir le mouvement de la phrase, le tour de la pensée. Il ne faut pas dire que les mots n'expriment rien, quand ils n'expriment rien de net et de tranché, quand ils n'éveillent point d'idées explicites ; c'est justement alors qu'ils expriment en un sens le mieux la pensée, car ils l'expriment, non plus dans la dispersion de ses éléments, mais dans la continuité de son cours. Supposons un terme qui exprime à la fois une *idée* particulière et une *relation* de cette idée à d'autres : suivant les cas, ce terme réveillera particulièrement dans l'esprit, soit l'idée, soit la relation. Tel est le terme universel, auquel répond tantôt une *image*, tantôt une *habitude*, ou tendance de l'esprit à s'orienter dans une direction donnée. « L'universalité, autant que je la puis comprendre, dit Berkeley, ne consiste pas dans la nature ou dans la conception positive, absolue, de quelque chose, mais dans la relation d'un terme aux objets particuliers qu'il signifie et représente. C'est en vertu de cette relation que les choses, les noms et les notions, qui sont particuliers en leur nature propre, deviennent *universels*. » (*Loc. cit.*).

C'est parce que les mots expriment autre chose que des idées, c'est parce qu'ils marquent la voie dans laquelle une idée s'engage, et la série d'idées qui la prolonge et la suit, qu'ils sont aptes à signifier la connaissance générale, bien plus qu'ils rendent une telle connaissance possible. En effet, si l'idée générale est une habitude, il faut expliquer comment nous prenons conscience de cette habitude, comment nous la faisons surgir à volonté et la réveillons à propos. L'habitude est par nature un état vague, confus, à peine senti ; il faut, pour que nous nous en rendions compte, pour que nous en devenions maîtres, pour que nous puissions, quand il nous plaira, la faire passer à l'acte, qu'elle revête artificiellement un caractère distinct, net et tranché : c'est ce qui a lieu, grâce à son association avec le mot. Les mots ne fixent pas seulement dans la mémoire les états marquants de la conscience, c'est-à-dire les images ; ils enregistrent aussi des états obscurs, indéfinissables, des actes, des habitudes. On exprime souvent d'un mot un état mental assez compliqué : ainsi le mot *leader* désigne *l'acte* par lequel l'esprit a démêlé et réuni les circonstances diverses dans lesquelles la supériorité d'un individu éclate, se fait sentir et agréer d'un groupe donné. Cet acte mental, plusieurs fois répété, devenu habituel, se fixe dans la mémoire, grâce au mot qui l'enregistre, et, à l'appel de ce mot, réapparaît à la conscience. A l'opération complexe, qui engendre ce qu'on appelle improprement une idée générale, et ce qu'on devrait appeler une *habitude*, qu'on associe un *nom :* ce *nom* éveillera cette *habitude*, et cette *habitude* à son tour renouvellera ou tendra à renouveler les *actes* particuliers dont elle est issue. L'ordre dans lequel se déroule la pensée symbolique ou universelle est le suivant :

« L'idée (générale) n'est autre chose que le résidu, laissé dans l'âme par la perception de l'objet. Dès lors, si la perception est un *acte*, l'idée est une *habitude. C'est cette habitude qui représente en nous l'objet d'une manière permanente*, qui en est le substitut mental. C'est grâce à cette habitude que le nom prend une signification déterminée. *Le nom d'un objet a pour fonction de faire passer à l'acte l'habitude mentale qui répond à cet objet et le représente.* Il s'adresse, croyons-nous, directement à la volonté. C'est comme une sorte de commandement dont l'audition provoque une action déterminée. *Les images que le nom évoque procèdent de cette action.* Elles en sont les conséquences naturelles, et le nom ne peut être compris sans qu'elles apparaissent ; pourtant ce n'est pas d'elles qu'il tire sa signification. Ce n'est pas parce qu'elles se produisent que le nom est compris ; c'est parce qu'il est compris qu'elles se produisent (1).

Allons plus loin encore dans la voie du nominalisme. Tout d'abord il est naturel que nous accor-

---

(1) G. Noël, *Noms et concepts*, dans *Revue philosophique*, mai 1891. F. Alcan.

dions plus d'attention au terme universel qu'à
l'habitude qu'il évoque, parce que ce terme fait
impression sur les sens, tandis que l'habitude est
à peine consciente. Bien plus, l'opération que nous
avons décomposée ainsi : audition d'un mot, —
réveil d'une habitude, — réapparition d'images,
est appelée à se simplifier et à se réduire : l'habitude devient le substitut de l'image ; puis le mot,
le substitut de l'habitude. Des trois termes de
l'opération totale, un seul à la fin subsiste, la perception du mot ; mais le mot possède alors les propriétés de l'habitude et de l'image ; il est, comme dit
Taine, « un système de *tendances*, toutes correspondantes à celles de l'image. » Le nominalisme
est donc une théorie étroite, et non point fausse ;
il ne veut qu'être interprété et complété. Il traduit
un fait, mais il ne fait que le traduire ; il ne l'explique point et ne le justifie point. Sans doute le
pouvoir des mots est réel, mais il faut voir d'où
émane ce pouvoir et à quels titres il s'exerce. Si
derrière les mots on n'aperçoit pas le travail anté-
rieur de la pensée, qui a, comme dit Taine, provo-
qué l'expression, et que l'expression à son tour
peut rappeler et faire revivre, si on constate le
pouvoir exorbitant et en quelque sorte absolu des
mots, sans en discuter la légitimité, ni en sonder
l'origine, on est alors nominaliste, au mauvais sens

du mot ; mais il est permis de s'incliner devant le pouvoir des mots, après qu'on a reconnu que ce pouvoir est une délégation de la pensée ; il est même juste d'admirer l'art avec lequel fonctionne le langage, vide de pensée, mais resté fidèle aux traditions et aux règles de la pensée.

VII

Dans le problème des universaux, la vraie difficulté n'est pas de comprendre comment la prétendue idée générale se réduit à une habitude ; il faut aussi et surtout rechercher comment cette habitude a le caractère de *distinction*, qui paraît n'appartenir qu'aux idées, est rigoureusement circonscrite et nettement définie. En effet, si un terme universel exprime une possibilité d'idées particulières, il exprime la possibilité de *telles* idées, non de *telles* autres. Qu'est-ce donc qui limite le choix des idées que nous rangeons sous un terme universel, si ce n'est point, comme on l'a montré, un caractère commun à toutes les idées que nous rangeons ainsi ?

On pourrait remarquer d'abord que toutes les idées générales ne sont pas déterminées, précises, que quelques-unes restent vagues, indécises et

flottantes. Celles-ci sont obtenues par tâtonne-
ments ; elles se dégagent spontanément de l'observation ; l'esprit ne les tire pas au clair, et ne
saurait les enfermer dans une définition. L'assimilation de l'idée générale à l'habitude pourrait donc
convenir tout au moins à une certaine classe
d'idées générales. Mais nous prétendons qu'elle
convient à toutes. Nous admettons en effet
deux sortes d'habitudes : l'une passive, machinale et aveugle ; l'autre, réfléchie et active (ἕξις
προαιρετική). A la première répond l'idée générale
vague ; à la seconde, l'idée générale précise. On
passe d'ailleurs insensiblement de l'idée vague à
l'idée distincte, et il n'y a pas à proprement parler
deux espèces d'idées générales, mais deux degrés
dans le développement des idées générales. « La
conception, dit Stuart Mill, n'est pas fournie par
l'esprit avant d'avoir été fournie à l'esprit... Destinée à faire surgir la lumière et l'ordre au sein des
ténèbres et de la confusion, elle doit être cherchée
dans les phénomènes mêmes qu'elle sert ensuite à
ordonner (1). »

On comparerait bien la généralisation à une habileté, à un talent, lesquels sont une promesse
obscure, avant d'être une réalité définie. Toute

---

(1) Stuart Mill, *Système de logique*, I-IV, ch. ii. F. Alcan.

aptitude est spéciale, tout talent a son originalité et sa marque ; le maître ouvrier, l'artiste, ne peuvent réaliser que des œuvres d'*une certaine espèce*, sans que d'ailleurs on puisse dire *quelles œuvres* ils mettront *précisément* au jour. De même les termes universels, si clairs et si définis qu'ils soient, ne sont jamais tels qu'on en connaisse exactement la portée : qui sait par exemple si, grâce à quelque instrument d'optique, encore à trouver, on ne percevra un jour l'ultra-violet, ou quelque autre sensation, pour laquelle a été créé en quelque sorte d'avance le mot couleur. Au reste, on peut supposer un talent, fait de réflexion, et d'ailleurs borné, dont il serait possible d'analyser tous les procédés et de trouver la formule exacte ; de même, il est telle idée générale, si logiquement construite, qu'on en peut donner, à ce qu'il semble, une définition parfaite. Ainsi les deux espèces d'idées générales se ramènent à l'habitude ; l'une se ramène à une habitude plus ou moins empirique et aveugle, l'autre à une habitude raisonnée, qu'on désigne bien sous le nom de *méthode*.

Dès lors, on peut dire en quoi consiste la définition. On définit d'ordinaire un terme universel par les caractères communs aux individus subsumés sous ce terme. Mais une telle définition est

nécessairement, comme on l'a montré, toujours
imparfaite. La vraie définition de l'idée générale
consistera à indiquer le procédé de formation de
cette idée. En d'autres termes, l'idée générale étant
une habitude, on devra rendre compte de cette
habitude, en rappelant comment elle a été acquise,
ou en indiquant comment elle peut l'être. Il n'y a
pas de concept, c'est-à-dire d'idée abstraite et générale, répondant à la définition, mais la définition
exprime *l'acte* plusieurs fois renouvelé, le *procédé*
devenu habituel, par lequel l'esprit réalise l'idée
de tel ou tel individu du genre, et passe d'une idée
individuelle à une autre. Cinq points rangés en
ligne droite, ..., sont, dit Kant, une image du
nombre cinq. « Au contraire, quand je conçois
seulement un nombre en général, qui peut être
cinq ou dix, cette pensée est plutôt la représentation d'une *méthode* pour représenter en une image
une multiplicité (1). » Ainsi l'idée générale est une
habitude ou une méthode, et la définition nous
fait assister à la genèse de cette habitude, nous
décrit cette méthode (2).

(1) Kant, *Critique de la raison pure. Du schématisme
des concepts intellectuels purs*, trad. Tissot. Kant, il est
vrai, ajoute : « Conformément à un certain *concept*. » Nous
n'admettons point ce *concept*, dont l'intervention ne nous
semble ni apparente ni nécessaire.
(2) La géométrie offre l'exemple et le modèle de ces

Enfin on substitue les termes aux définitions, et l'on remarque que les termes sont d'autant plus aptes à traduire les procédés suivant lesquels l'esprit forme ses images, qu'ils sont eux-mêmes formés suivant une méthode plus rigoureuse, et rendue plus visible. Telle science, comme la botanique et la chimie, n'est vraiment qu'une langue bien faite. Dans les nomenclatures botanique et chimique, « non seulement un nom particulier est assigné à chaque espèce connue ou genre inférieur, mais, lorsque de nouveaux genres inférieurs sont découverts, ils reçoivent immédiatement des noms créés d'après un principe uniforme (1). » Ainsi les idées générales sont les procédés constants ou les règles, d'après lesquels l'esprit ordonne en séries ses représentations diverses, et les termes universels sont l'expression, méthodique elle-même, de ces procédés.

Mais l'habitude, à laquelle on a ramené l'idée générale, est elle-même un effet; il faut l'expliquer et remonter à l'acte dont elle dérive.

En quoi consiste au juste, demande M. Lalande, cette idée que nous pensons sous un terme général, et qui ne peut être une simple image, même con-

définitions génétiques : définitions de la sphère, du cylindre, du cône, etc.

(1) Stuart Mill, *Système de Logique*, I-IV, ch. VI. F. Alcan.

fuse? On pourrait peut-être l'expliquer de la façon
suivante : quand nous avons vu successivement et
comparé nombre d'arbres, d'animaux, de paysages,
nous avons fait pour chacun d'eux un certain acte
d'intelligence, un certain effort dont la réalité psychologique est incontestable, et qui est précisément ce
qu'on appelle comparaison. Cette sorte de mouvement de l'esprit, qui s'est renouvelé pour chaque objet
particulier, tout en restant au fond identique à lui-
même, est le lien de la série tout entière. C'est lui que
nous pensons, quand nous énonçons le terme général.
Cette pensée est sans doute formelle et vide de tout
contenu. Mais l'expérience précédente nous a appris
qu'elle était apte à recevoir précisément les détermi-
nations matérielles que nous avons besoin de considérer dans chaque cas. Je forme par exemple le
concept de quadrupède : sans doute j'imagine vaguement des pattes de cheval, de lion ou de chien ;
mais ce que je pense est *l'acte* intellectuel de compter quatre pieds et d'en reconnaître le compte, acte
qui reste bien le même dans tous les cas. Cet acte
est à la fois très précis et cependant impossible à
imaginer sous une forme matérielle; et tels sont les
deux caractères fondamentaux de l'idée générale. De
même, si je songe aux idées de hauteur, de profondeur, de justice, de vertu, je verrai surgir dans mon
esprit, non pas l'image d'une chose, mais le souvenir et la forme d'une opération mentale, un cadre à
images que je me rappelle avoir rempli, et que je
sais pouvoir remplir encore; en définitive, le mouvement intellectuel, effectué par mon esprit, quand
il a d'abord perçu, puis comparé les divers individus, englobés dans cette idée générale. On peut
donc dire que le concept général n'est ni un simple

signe, ni une idée véritable, εἶδος, renfermant une matière, un objet sensible de la pensée, mais qu'il consiste dans un *schème opératoire* de notre entendement, quelque chose comme le rythme d'un vers dont on ne peut retrouver les mots, ou comme le mouvement à vide d'une presse qui continuerait une fois encore son geste automatique, après avoir imprimé la dernière feuille de papier (1). »

Selon nous, une idée générale n'est rien de plus que l'une quelconque d'une série déterminée d'images ; mais comment se fait-il que des images particulières s'ordonnent en groupe, forment une série ? Si l'on y réfléchit, deux couleurs éloignées, le rouge vif et le vert tendre, sont des sensations, qualitativement aussi distinctes que le parfum de la violette et la saveur de la fraise. D'où vient cependant que les deux premières rentrent dans un même genre, et non les secondes ? C'est qu'elles affectent le même organe : un sentiment vague de l'organe affecté, étant lié aux sensations, devient le fondement de la relation générique. Les sensations rentrent donc dans la même classe, non en tant que *semblables*, mais en tant que *semblablement perçues*. On pourrait dire encore qu'une idée générale exprime la façon identique dont

(1) Lalande, *Lectures sur la philosophie des sciences*, Hachette.

l'esprit réagit contre un ordre d'impressions donné.
Or chaque esprit réagit à sa manière contre ses
impressions ; aussi les idées générales ne sont-elles
pas non plus les mêmes en chacun. Taine l'a montré, rien de plus original que les généralisations
d'enfants. Toute idée générale est une découverte
qu'un esprit fait, soit après d'autres, soit le premier. Le terme universel exprime la façon originale et constante dont l'esprit se retourne et se
retrouve au milieu de ses impressions diverses.
Mais, si la réaction de notre esprit en face des
choses était fugitive, passagère, nous aurions
alors une de ces idées heureuses dont on ne tire
aucun parti. Les esprits brillants, mais paresseux
et rêveurs, ont de ces idées-là. Il faut que l'attitude mentale, que nous avons prise une fois, per-
siste, puisse renaître, soit évocable à volonté ;
pour cela, il faut qu'elle se répète, devienne habi-
tuelle, et s'incarne en un mot. « A mesure que les
idées deviennent plus générales, dit M. Ribot, le
rôle des images s'efface peu à peu, le mot devient
de plus en plus prépondérant jusqu'au moment où
il demeure seul. » Arrivons aux « concepts purement scientifiques. Le mot existe-t-il seul dans
l'esprit, à cette période suprême de l'abstraction ?
J'adopte l'affirmative sans hésiter. » Mais, « s'il n'y
a rien actuellement sous le mot, il y a, il doit y

avoir un savoir potentiel, la possibilité d'une connaissance. Dans la pensée actuelle, dit Leibniz,
nous avons coutume d'omettre l'explication des
signes au moyen de ce qu'ils signifient, sachant
ou croyant que nous avons cette explication en
notre pouvoir ; mais cette application ou explication des mots, nous ne la jugeons pas nécessaire
actuellement... J'appelle cette manière de raisonner aveugle ou symbolique. Nous l'employons en
algèbre, en arithmétique, et en fait universelle-
ment (1). »

Nous ne voulions traiter ici que du nominalisme ; mais le problème des universaux se posait
devant nous ; nous avons dû l'aborder directement.
De tout temps, ce problème, alors qu'on croyait
pouvoir le résoudre par la méthode logique, et
qu'on n'en cherchait pas encore une explication
psychologique, a attiré l'attention des philosophes
sur le pouvoir des signes. On a bientôt reconnu
que le terme universel est un terme auquel ne répond point d'idée, ou répondent au plus une ou
plusieurs idées particulières. Restait ou à prendre
le parti paradoxal et violent de nier la connaissance universelle, ou à admettre que les termes
universels désignent plus d'idées qu'ils n'en évo-

(1) Ribot, *Psychologie de l'attention*, p. 84. F. Alcan.

quent en fait, autrement dit, expriment des idées
simplement possibles, traduisent non seulement
la pensée en acte, mais encore la pensée à l'état de
tendance ou d'habitude, bien plus de tendance
distincte, d'habitude définie. On a dit que l'esprit
obéit toujours à la loi de l'économie, qu'il étend
ses connaissances en limitant ses conceptions, et
en leur substituant des symboles de plus en plus
abréviatifs et sommaires. Le terme de la simplification de la pensée est atteint quand il n'y a plus,
pour ainsi dire, dans l'esprit, que des mots, et des
mots à travers lesquels on perçoit seulement le
mouvement sourd d'une pensée qui sommeille.
Les mots, il est vrai, peuvent toujours servir à
ranimer la pensée éteinte ; mais le plus souvent
ils se substituent à elle, ils en remplissent la fonction, ils la rendent inutile. Ils épargnent à l'esprit
toute action. Ils remplacent tout ce qu'ils traduisent ; or ils traduisent toutes les opérations de l'esprit, voire les plus subtiles et les plus compli-
quées ; mais en même temps ils sont toujours prêts
à restituer à l'esprit le pouvoir qu'ils exercent en
son nom, et ainsi ils ne sont pas une usurpation
de la pensée. Disons qu'ils sont une forme de la
pensée, qu'ils sont la pensée, non pas anéantie,
mais avantageusement simplifiée et volontairement
réduite. On ne doit pas hésiter à admettre une

pensée symbolique, quand il est prouvé d'une part que la pensée est, par définition, une expression, non une représentation de la réalité, et d'autre part, que les mots expriment toujours une pensée, au moins virtuelle.

CHAPITRE III

LA LIMITATION DES IDÉES PAR LE LANGAGE.

I

Le langage, avons-nous dit, supplée la pensée ; il a aussi sur la pensée une action limitative. Au sens étymologique et propre, *terme, définition*, veulent dire restriction, borne. Tout mot par lequel on désigne une chose est à la fois un ordre et une défense, à savoir : l'ordre de concevoir cette chose, et la défense de concevoir rien de plus.

Toutes les règles logiques tendent à une même fin : écarter les idées étrangères aux questions posées, et ne faire figurer dans les données que celles dont la solution dépend. Dès lors, l'emploi du langage vient en aide aux opérations de l'esprit. Par là même, en effet, que chaque idée a son expression qui la limite, la pensée s'engage dans une voie déterminée et sûre. C'est ce que fera voir l'étude des opérations logiques, de la proposition et du raisonnement.

Le jugement renferme deux idées, qui sont conçues, non successivement et à part, mais dans leur relation mutuelle. Quand je dis : *ce mur est blanc*, j'exclus de l'idée de *mur* tous les attributs, sauf un seul, la *blancheur ;* je ne pense pas, et je m'interdis de penser à l'épaisseur du mur, à sa solidité, à la taille, à la grosseur des pierres dont il est construit, etc. ; j'affirme du *mur qu'il est blanc*, et rien de plus. De même, quoiqu'il y ait plusieurs espèces de *blanc*, le *blanc* auquel je pense quand je dis : *ce mur est blanc*, est *celui qui convient au mur,* et non un autre. Il est certain en effet, que dans les propositions suivantes : *ce mur est blanc,* — *cette voile est blanche*, quoique je désigne par le même nom les deux attributs, je ne les prends pas dans le même sens, j'entends ici la blancheur du lin, là celle de la chaux (1). Donc la proposition peut se définir ainsi : étant donnés deux termes, le sujet et l'attribut, entre toutes les idées, que le sujet, en tant que terme universel, peut évoquer dans l'esprit, on en choisit une, et une seule, à laquelle s'applique particulièrement l'attribut ; et entre toutes les idées, que l'attribut, en

(1) Cf. Rabier, *Psychologie*, pp. 250 et 251 et note de la p. 151. Hachette.

tant que terme universel, peut évoquer dans l'esprit, on en choisit une, et une seule, qui s'applique particulièrement au sujet. Par exemple, dans la proposition déjà citée : *ce mur est blanc*, on choisit, entre toutes les idées, subsumées sous le terme *mur*, celle d'étendue visible ou de *surface*, comme particulièrement apte à recevoir la qualification de *blancheur* ; et entre toutes les idées, subsumées sous le terme *blanc*, on choisit le degré ou la *nuance de blanc*, qui s'applique particulièrement au mur, soit le blanc de chaux. En d'autres termes, le sujet est pensé en fonction de l'attribut, et l'attribut en fonction du sujet. Les deux termes du jugement sont universels ; mais rapprochés, ils se particularisent et se limitent l'un l'autre. C'est le mur, en tant que surface colorée, qui est blanc ; c'est le blanc, en tant qu'éclatant ou mat, qui est affirmé de ce mur. C'est ainsi qu'on désigne un individu en accolant son prénom à son nom. Tullius désigne *n'importe quel membre* de la gens Tullia ; Marcus désigne un individu de *n'importe quelle gens* ; Marcus Tullius désigne un *seul* membre de la *seule* famille Tullia (1). Le sujet et l'attribut sont bien appelés les *termes* de la proposition : l'attribut restreint le sens du sujet, le sujet res-

---

(1) Cf. la nomenclature binaire de Linné.

treint le sens de l'attribut. Le jugement opère la limitation de deux idées l'une par l'autre.

II

Juger, c'est choisir, entre toutes les idées qu'évoque un terme, une idée intéressante en elle-même, qu'on rapporte comme attribut à ce terme. Raisonner, c'est choisir, entre toutes les idées qu'évoque un terme, une idée intéressante, non par elle-même, mais par un des attributs qu'elle renferme, et rapporter à ce terme comme attribut, d'abord cette idée, puis l'attribut de cette idée. Ainsi, par exemple, juger, c'est dire : *Pierre est homme*, et s'en tenir là. Raisonner, c'est dire : *Pierre est homme, donc mortel*, c'est-à-dire choisir entre les idées, subsumées sous le terme *Pierre*, l'idée d'*homme*, parce que cette idée implique l'idée de *mortel*, laquelle on veut précisément rapporter comme attribut à *Pierre*. Par le jugement : *Pierre est homme*, se précise l'idée de *Pierre ; c'est comme si je disais : j'exclus de l'idée de *Pierre* toute qualité, sauf la qualité qu'il a d'être *homme*. Si je précise de même l'idée d'*homme* en disant : *l'homme est mortel*, je pourrai préciser une fois de plus l'idée de *Pierre* et dire : *Pierre est mortel*. Mon raisonnement peut s'énoncer ainsi : De l'idée de

Pierre j'exclus toute qualité, sauf la qualité qu'il
a d'être *homme*, et, comme j'exclus, d'autre part,
de l'idée d'*homme* toute qualité, sauf la qualité que
l'homme a d'être *mortel*, j'exclus finalement de
l'idée de *Pierre* toute qualité, sauf la qualité que
Pierre a d'être *mortel*. Le syllogisme est une suite
de notations progressivement simplifiées d'une
même idée. Au terme *Pierre*, qui désigne Pierre
avec tous ses attributs, on substitue le terme de
Pierre, en tant qu'homme, ou Pierre, conçu avec le
seul attribut d'humanité, et enfin au terme Pierre,
en tant qu'homme, on substitue le terme *Pierre, en
tant qu'homme, et comme tel, mortel,* ou Pierre,
conçu avec le seul attribut de mortalité.

Ainsi, à mesure que les opérations logiques sont
plus complexes, les idées que l'esprit conçoit dans
ces opérations sont plus simples. En un sens, le
jugement est plus simple que l'idée, et le raisonnement est plus simple que le jugement. En effet,
une idée, par exemple l'idée d'homme, enveloppe
une infinité d'attributs (animal, bipède, raisonnable, etc.). Un jugement, par exemple le suivant :
l'homme est mortel, paraît renfermer deux idées ;
en réalité il n'en contient qu'une, à savoir celle
qui naît du rapprochement des deux idées *homme
et mortel,* et cette idée est l'idée d'homme, limitée
à un seul attribut, celui de mortel. Enfin un rai-

sonnement, par exemple le suivant : *l'homme est mortel, donc imparfait*, paraît renfermer trois idées; en réalité, il n'en contient qu'une, à savoir celle qui naît du rapprochement des trois idées : *homme*, — *mortel*, — *imparfait*, et cette idée est l'idée d'*homme*, limitée d'abord à l'ensemble des attributs que renferme *mortel*, puis à un seul des attributs de *mortel*, à savoir l'attribut *imparfait*. L'idée est la représentation d'une chose conçue dans toute sa complexité. Le jugement est la représentatation d'une chose (sujet), conçue sous un seul caractère ou sous un seul ensemble de caractères (celui qu'exprime l'attribut). Le raisonnement est la représentation d'une chose (petit terme), conçue sous un seul caractère (moyen), lequel est lui-même conçu comme un acheminement à un caractère plus simple, ou à une détermination plus précise (grand terme). Ainsi un terme, en lui-même complexe, prend un sens défini et simple, en tant qu'il fait partie d'un jugement, et un sens plus défini et plus simple, en tant qu'il fait partie d'un raisonnement. L'esprit à mesure qu'il saisit un plus grand nombre de rapports entre les idées, conçoit les idées avec moins d'attributs. Il réduit la *matière* de la connaissance, quand il en complique les *formes*. La somme de travail qu'il fournit demeure toujours sensiblement la même ; quand on le charge d'un côté, il s'allège d'un autre. Ainsi le répit de l'imagination marque l'effort de l'entendement.

III

De l'analyse des opérations les plus diverses, comme la déduction et l'induction, il ressort que la fin générale de la méthode est toujours la même, à savoir la réduction d'un problème à ses données essentielles. Ainsi l'induction, sous sa forme logique, n'est point une allégation de précédents ou une collection d'exemples (*enumeratio simplex*), mais une détermination de la cause d'un phénomène, qui s'obtient par l'élimination des circonstances, reconnues étrangères à la production de ce phénomène (*per exclusiones et rejectiones debitas*). Or on reconnaît que, parmi les circonstances dans lesquelles un phénomène se produit, celles-là n'en sont pas la condition ou la cause, qui n'accompagnent pas toujours le phénomène, qui peuvent subsister quand le phénomène disparaît, ou demeurer les mêmes quand le phénomène varie. Le physicien et le dialecticien pratiquent donc la même méthode : l'un ne retient des faits qu'il observe que les circonstances réellement causales, ou pouvant être supposées telles, l'autre ne retient des idées qu'il considère que les attributs qui lui servent, ou qu'il croit pouvoir lui servir à découvrir la relation de ces idées à d'autres.

IV

Considérons les différentes sciences ; nous verrons que leur progrès se marque toujours par la substitution d'intuitions simples à des intuitions complexes.

La mathématique est caractérisée par la prépondérance du raisonnement sur l'imagination. Le raisonnement porte sur les données que l'imagination fournit ; mais il opère la réduction de ces données à leurs éléments essentiels, à ce que Descartes appelle leurs *natures simples* ou *absolues*.

La géométrie s'adresse à l'imagination, puisqu'elle traite des figures que tracent les corps dans l'espace, mais elle s'adresse aussi peu que possible à l'imagination, puisqu'elle n'introduit dans la notion des figures que les éléments, rigoureusement nécessaires à leur représentation distincte. Ainsi l'idée géométrique d'une ligne est la simple représentation des points, par lesquels la direction de cette ligne se trouve suffisamment marquée. L'idée géométrique d'une surface est la simple représentation des lignes, en nombre suffisant pour déterminer, par leurs directions respec-

tives et leurs angles, la nature de cette surface.
L'idée géométrique d'un solide est la simple représentation du plan qui engendre ce solide par
son mouvement autour d'un axe. Le géomètre
considère donc, dans une figure donnée, le minimum d'éléments, à l'aide desquels on peut obtenir
une détermination précise de cette figure.

L'arithmétique ne traite plus d'une grandeur
déterminée, comme la figure, le mouvement, etc.,
mais de la grandeur en général, ou grandeur uniquement considérée au point de vue de la quantité, et simplement définie ce qui est susceptible
d'augmentation et de diminution. Mais elle assigne
à chaque quantité ou grandeur une valeur déterminée, laquelle a son expression dans un nombre.

L'algèbre traite, non plus des grandeurs ou
quantités, en tant qu'ayant chacune une valeur
propre, exprimée par un nombre, mais des quantités numériquement indéterminées, et simplement
conçues comme susceptibles d'entrer dans une série de relations avec d'autres quantités, soit déterminées, soit indéterminées.

Ainsi, dans les sciences mathématiques, les notions sont des extraits de la réalité, et le développement logique de ces sciences consiste à atteindre
des degrés de plus en plus hauts d'abstraction.
Ce que la science gagne en dignité, elle le perd en

réalité. Plus elle étend ses déductions, plus elle limite ses concepts.

Il est vrai que la mathématique est une construction de l'esprit. Mais les sciences concrètes procèdent de même. La physique, qui étudie les faits de l'expérience sensible, choisit, entre leurs propriétés, celles d'où découlent un grand nombre d'autres, et se sert de celles-ci pour représenter ou signifier celles-là. « On peut dire généralement que la science est essentiellement destinée à dispenser, autant que le comportent les divers phénomènes, de toute observation directe, en permettant de déduire, du plus petit nombre possible de données immédiates, le plus grand nombre possible de résultats (1). » Si la science était achevée, une seule formule embrasserait toutes les lois de l'univers, comme déjà telle loi embrasse tous les faits d'une classe donnée. Dès lors, il n'est pas vrai que la science doive accabler l'esprit ; elle le soulage plutôt, car elle substitue à une intuition complexe et dispersée des choses une notation simple et logiquement ordonnée ; elle condense en ses formules brèves la masse, chaque jour grossie, des faits que l'expérience apporte ; elle épargne à l'imagination la représentation, désormais superflue,

(1) A. Comte, *Cours de Philosophie positive*, III⁰ leçon.

du détail des faits qu'elle a réunis sous ses lois.

Par là même que les opérations logiques et la science tendent à régler l'imagination et à lui marquer sa voie, elles réclament l'emploi du langage. En effet, le rôle des mots n'est pas seulement de rappeler ou d'évoquer les idées ; il est encore et surtout de tracer les bornes dans lesquelles il convient que chaque idée s'enferme. Nommer une chose, énoncer un jugement ou un raisonnement, c'est faire à l'imagination un appel déterminé et précis, c'est lui désigner clairement ce qu'on attend d'elle, c'est lui indiquer les idées qu'elle doit et ne doit pas fournir. Tout emploi des mots se ramène à une *définition*. Puis donc que juger et raisonner, c'est saisir la relation des idées, en déterminant chaque idée d'une manière précise, le jugement et le raisonnement ne sauraient se passer du langage, lequel n'opère pas sans doute, mais fixe la détermination des idées. Il y a de la pensée symbolique, dont le jugement et le raisonnement sont des formes, à la pensée imaginative, la distance d'une sélection artificielle ou d'un choix éclairé entre les idées à une végétation spontanée et parasitaire des idées.

V

On peut étudier encore la limitation des idées
par le langage dans les formes syntactiques ou
constructions grammaticales, dans les affixes et
suffixes de la langue vulgaire et des nomenclatures scientifiques.

Par là même qu'on a pris l'habitude de grouper
dans un ordre invariable les termes d'une proposition ou les propositions d'un syllogisme, le seul
groupement des termes ou des propositions invite
l'esprit à reproduire l'opération mentale du jugement et du raisonnement, laquelle, comme on l'a
vu, consiste dans une limitation ou dans une série
de limitations progressives du sens d'un même
terme.

Les affixes et suffixes expriment des rapports
saisis par l'esprit, et ainsi sont comme des propositions abrégées ou sous-entendues. Tel suffixe,
joint à une racine, indique que l'idée, exprimée par
la racine, est conçue *comme substance, comme
attribut*, etc. Le sens du radical est vague et susceptible d'interprétations diverses : ce sens se précise par l'adjonction du suffixe. Mais, comme on l'a
remarqué, les suffixes n'expriment pas toujours des
rapports définis. Ainsi le suffixe *ier* en français a

un sens variable : le rapport qui existe entre le *cheval* et le *chevalier* n'est pas le même que celui qui existe entre le *lièvre* et le *lévrier; voiturier* veut dire *qui conduit une voiture,* tandis que *carrossier* veut dire *qui fabrique des carrosses.* La langue ordinaire a « des cadres élastiques, » dans lesquels elle fait tenir tour à tour ou en même temps (exemple : τόχος signifie à la fois la naissance et l'enfant, σκοπός le but, et celui qui observe, l'espion) des idées plus ou moins voisines, parfois hétéroclites (1). Par là elle est inférieure aux langues scientifiques, lesquelles procèdent à une détermination rigoureuse du sens de tous les termes, et apposent à ces termes des affixes ou suffixes dont le sens est toujours défini (exemple : les suffixes *ique* et *eux,* désignant les acides, et les suffixes *ate* et *ite,* désignant les sels dans la nomenclature de Lavoisier). La nomenclature chimique, la numération décimale, la notation algébrique, sont des langues parfaites, où ne se glisse plus d'équivoques, où chaque idée, chaque rapport, se trouvent définis et sont exprimés par des signes distincts. Tout langage est donc une détermination des idées, et le langage le plus parfait est la détermination des idées la plus précise.

(1) Michel Bréal, *Mélanges de mythologie et de linguistique.* — Les idées latentes du langage.

On ne saurait exagérer les services qu'une ter-
minologie exacte rend à la pensée. Toutefois il
faut aller au-devant d'une méprise possible. Le
but de la science n'est évidemment pas de limiter
nos idées ; mais la méthode exige que nous diri-
gions notre attention sur celles dont la considération exclusive présentement importe. Il faut donc
pouvoir ramener sur les idées qu'on néglige l'attention qu'on ne leur a retirée que provisoirement ;
il faut se tenir prêt à restituer aux idées qu'on a
un moment circonscrites leur complexité première. Mais le langage autorise ce retour de la
pensée sur les choses dont il est l'expression simplifiée et incomplète.

CHAPITRE IV

FONCTION LOGIQUE ET BASES PSYCHOLOGIQUES
DE LA PENSÉE SYMBOLIQUE.

I

Si les mots circonscrivent et limitent la pensée, on conçoit qu'ils la suppriment aussi et la remplacent, quand elle est inutile. En effet, c'est presque une même opération de restreindre l'imagination et de la suspendre totalement. Nous devons couper court aux idées superflues ; or parfois ce n'est pas seulement telle ou telle idée, c'est toute idée qu'il nous importe de chasser de notre esprit.

Soit par exemple à appliquer une méthode connue : nous n'aurons qu'à réciter des formules apprises, qu'à laisser faire en nous le mécanisme aveugle de la mémoire et de l'habitude ; tout effort de réflexion nous sera épargné ; notre es-

prit pourra, comme dit Descartes, « se donner
congé ». Sans doute, nous aurons toujours à dis-
cerner les cas auxquels la méthode s'applique, mais
l'application même de cette méthode n'exigera plus
notre intervention active ; elle deviendra une routine. Et la transformation des opérations logiques
en habitudes machinales est heureuse. La réflexion, en effet, est un effort pénible qui ne se soutient pas ; elle s'abandonne et se reprend ; elle
s'oublie et se corrige ; elle n'est point sûre d'elle-
même. L'habitude au contraire ne s'interrompt
point, ne se trouble point; sa marche est aisée, naturelle, assurée et ferme. Il en est des opérations de
l'esprit comme des mouvements du corps : leur exécution est d'autant plus parfaite qu'elle est plus
automatique. Un calcul compliqué sera plus correctement fait par un calculateur de profession
que par un théoricien de l'arithmétique. L'habileté
et la souplesse dialectique se rencontreront plutôt chez les esprits rompus à la pratique du
raisonnement, chez les discoureurs et les avocats,
que chez les penseurs profonds. Ainsi, il y a
une logique qui est un art mécanique, et une méthode qui est un instrument, *organum*.

D'une manière générale, si la découverte d'une
méthode suppose le travail de la réflexion et l'ins-
piration du génie, l'initiation à cette méthode sup-

pose l'effort, considérable encore, mais infiniment moindre, de la pensée passivement docile, et enfin l'application de cette méthode est l'œuvre d'une pensée absente, qui remplit machinalement sa tâche, à la façon dont l'artisan exerce son métier. Ainsi, toute méthode est un art par lequel la réflexion s'ingénie et parvient à se rendre inutile. Le terme de cet art serait une machine produisant les effets de la pensée. Il n'est pas absurde de croire qu'on puisse trouver un jour une « machine à penser, » ou mieux « à raisonner », comme on a trouvé une machine à calculer. Ce qui se fait dans un ordre de raisonnement donné indique ce qui est possible dans tout autre. A vrai dire, on ne doute pas, et on n'a pas le droit de douter, que le *Grand Art* de Raymond Lulle ou que l'*Art des caractères* de Leibniz soit possible ou réalisable en soi ; on doute seulement qu'il se trouve un esprit assez ingénieux et assez puissant pour en déterminer les règles. Mais en réalité un tel art existe partiellement déjà, et nous en usons tous les jours. Nous ramenons le raisonnement à un mécanisme ; puis nous nous fions à ce mécanisme qui est notre œuvre, sachant ce qu'il produit et peut produire.

L'instrument au service de la pensée est le langage. On a distingué déjà les éléments et les formes du langage, autrement dit le matériel des mots et les constructions des phrases. Les mots expriment tous des idées générales, les noms propres exceptés. Or on a vu qu'une idée générale est moins une idée qu'une orientation des idées, qu'une habitude imaginative. De même, les formes syntactiques expriment la connexion des idées, leurs rapports logiques, c'est-à-dire les lois ou habitudes de l'entendement, les orientations de la pensée pure. Tout jugement, tout raisonnement, toute opération de l'esprit se laissent ramener à des *formes* ou *formules*, qui restent les mêmes, quelle que soit la *matière* qu'elles enveloppent, quel que soit l'*objet* auquel elles s'appliquent. Il suit de là qu'un raisonnement, par exemple, peut ne pas impliquer la considération des objets sur lesquels il porte : dans ce cas, sa formule seule opère. « On conclut, dit Descartes, d'une manière certaine par la seule vertu de la forme. *Aliquid certum ex vi formæ concluditur.* » La formule d'un raisonnement exprime une habitude de la pensée, habitude qui suit aveuglément son cours, indifférente en quelque sorte à l'acte particulier qu'elle produit. Donnez au castor du bois, de la terre ; il construira une digue. Donnez à un esprit, formé aux habitudes logiques, les prémisses d'un raisonnement ; il dégagera la conclusion. Il

en est de la formule d'un raisonnement comme
de la courbe figurative du mouvement d'une pla-
nète ; l'une trace à l'esprit sa voie, comme l'autre
détermine la marche de l'astre dans le ciel. La
vérité peut sortir d'une formule syllogistique,
comme les prédictions astronomiques de l'interprétation d'un tracé.

Quand on dit que l'application d'une formule
équivaut à un raisonnement, on entend sans doute
que cette formule opère, non par elle-même, mais
par l'habitude logique qu'elle traduit, habitude
qui s'était établie d'abord à l'occasion des idées,
et qui suit maintenant les mots. Mais, quand l'habitude, et une habitude de langage, conduit seule
la pensée, la pensée peut être appelée aveugle et
symbolique.

On va montrer qu'une telle pensée est correcte
et féconde.

1° Elle est correcte, bien qu'elle soit machinale
et aveugle. Car d'abord elle est volontairement, et
non naturellement, aveugle; elle ne l'a pas toujours été, et elle peut cesser de l'être. Un raisonnement machinal est l'application d'une méthode
que l'esprit s'est donnée : il a pour garanties l'acte
de réflexion qui a institué cette méthode, et l'in-
faillibilité de l'habitude qu'a engendrée la répétition de cet acte. L'esprit peut d'ailleurs analyser

ses habitudes et en remonter le cours : les signes qu'on emploie ont reçu en dépôt des idées ; on peut leur demander compte de ce dépôt précieux, qui leur a été confié ; on peut interpréter les résultats auxquels conduit un raisonnement verbal, et vérifier ce raisonnement.

2° L'emploi des formules, substitué à la pensée, n'est pas seulement correct ; il est, à sa manière, instructif et fécond. On a dit qu'une courbe détermine le mouvement d'un astre ; mais on entend par là qu'elle prédit ce mouvement, non qu'elle le produit. De même une formule de raisonnement indique à l'esprit ce qu'il doit conclure. Mais est-elle concluante par elle-même ? Les vérités auxquelles conduit le raisonnement aveugle représentent-elles une acquisition, un progrès de la pensée ? Il semble difficile de l'admettre. On ne peut retrouver dans une formule que ce qu'on y a mis. C'est pourquoi, selon Descartes, la syllogistique est vaine ; elle n'est d'aucun secours pour découvrir la vérité (*nihil omnino conferre ad cognitionem veritatis*) ; avec tout l'art dialectique, on ne saurait prouver que des propositions déjà connues en substance, c'est-à-dire matériellement contenues dans d'autres propositions données. La syllogistique est l'art, non de trouver des vérités nouvelles, mais d'exposer des vérités connues, ce

qu'on exprime en disant qu'elle rentre, non dans la
« philosophie », mais dans la « rhétorique » (1).
Cependant il est vrai que le raisonnement formel
nous découvre des vérités auxquelles nous n'avions
pas pensé, et dont nous ne nous fussions pas avi-
sés sans son aide. Ces vérités sont donc en un
sens nouvelles; elles ne sont pas telles peut-être
que notre esprit n'eût pu les prévoir, les conjecturer tout au moins; on dira, si l'on veut, que
nous les connaissions par avance comme possibles, que nous étions prêts à les admettre, mûrs
pour les recevoir; mais en fait nous ne les ignorions
pas moins.

Il ne faut pas dire que le syllogisme consiste
uniquement à déchiffrer une formule, laquelle résume pour chacun son expérience passée, et dans
laquelle il retrouve sans plus les éléments qu'il y a
consignés. Le raisonnement formel nous enrichit
vraiment de vérités nouvelles. Mais il faut s'entendre
sur le sens de ce mot: *vérités nouvelles*. Telle vérité
nous est révélée par une intuition originale, par un
procédé de l'esprit, qui n'est ni analysé ni classé;
telle autre est trouvée par une méthode connue.
La première seule est absolument nouvelle; elle
l'est en elle-même et quant à son origine; la se-

_____

(1) Descartes, *Règles pour la direction de l'esprit*, X.

conde est nouvelle, en ce sens que nous en prenons pour la première fois conscience ; elle ne l'est
pas, en ce sens que nous possédions déjà la voie
qui y conduit, et qu'il dépendait de nous en
quelque sorte de la connaître plus tôt. « Il faut
bien distinguer dans la science, dit M. Tannery,
entre la solution de problèmes dont le genre est
déjà bien connu, et auxquels s'appliquent immédiatement les méthodes d'analyse constituées, et
l'invention de théorèmes nouveaux, pouvant conduire à la solution de problèmes non encore abor-
dés. » Certains philosophes, parmi lesquels Descartes, dédaignent et sont peut-être en droit de
dédaigner cet art inférieur, qui consiste à chercher
la vérité par des sentiers battus ; ils veulent élargir la science, y ouvrir des voies nouvelles, et non
exploiter seulement un domaine connu. Leur ambi-
tion n'est pas de grossir le nombre des vérités
scientifiques ; ce n'est pas au détail de ces vérités,
mais aux méthodes ou idées générales de la science
qu'ils s'attachent. Ils n'essaient point de découvrir des vérités par les méthodes constituées, en
tirant de ces dernières tout le parti possible ; ils
s'efforcent de constituer des méthodes, qui s'appliquent à un ordre de vérités nouvelles ; ils n'épui-
sent pas même les ressources de ces méthodes
qu'ils inventent ; ils tracent la route de la science,

y posent des jalons, mais ne la parcourent pas en
entier. Ils sèment les vérités, ils ne les récoltent
pas. La science qu'ils cultivent répand la clarté
(*lucifera*); elle est féconde, mais ne produit pas
pourtant tous ses fruits (*fructifera*). La logique
qu'ils prescrivent et dont ils donnent l'exemple
est celle de l'*invention*. Mais il y a une autre
science et une autre logique, à savoir la science
qui poursuit les vérités de détails, et la logique
qui est l'exploitation, la mise en œuvre complète
des méthodes connues. Il ne suffit pas de poser
des principes; il faut que de ces principes on dégage toutes les conséquences qu'ils renferment :
cette tâche aussi relève de la science, quoiqu'elle
n'exige point le génie scientifique, et ne soit peut-
être qu'un jeu de formules (1).

A se placer au point de vue utilitaire, l'art de

(1) Dans son *Histoire de la philosophie moderne*, Papillon
classe les écoles d'après leurs méthodes, et désigne sous
le nom d'*intuition* et d'*analyse* les méthodes que nous dis-
tinguons ici. Il est sévère pour la seconde; il la caracté-
rise néanmoins en termes justes et précis. « L'application
régulière et minutieuse de l'analyse n'engendre que des
progrès secondaires et lents, comme toute investigation
qui s'appuie sur des préceptes. Le véritable inventeur,
l'homme de génie, découvre l'inconnu par une intuition
spontanée, et sans s'assujettir à d'autres règles que l'ins-
piration de son esprit puissant. Condillac et Bacon ont
cru faussement qu'on peut réduire en préceptes l'art de
découvrir la vérité. Ils ont admis qu'en suivant les règles

chercher la vérité par la voie des formules et méthodes apprises n'est point à dédaigner. Celui qui
n'a point le génie d'invention pourra néanmoins
découvrir de la sorte des propositions nouvelles.
De prémisses données, et par une méthode connue, il tirera des vérités ignorées. Laissons les
formules se dérouler et le raisonnement faire sa
besogne aveugle : les conclusions se dégageront
d'elles-mêmes, infirmant ou confirmant les principes posés.

Dans la démonstration, dite par l'absurde, on
prouve la vérité d'une proposition par la fausseté
de l'hypothèse contraire. On ne considère point la
chose même sur laquelle on raisonne, et néanmoins on arrive à une conclusion sur cette chose,
voire à une conclusion positive : on fait jaillir une
vérité nouvelle d'un choc de formules résumant

écrites, soit de la méthode expérimentale, soit de la méthode analytique, on est capable de faire avancer les
sciences. L'histoire montre clairement que, tout au contraire, les règles sont plutôt une gêne qu'un secours pour
les esprits originaux, et que l'art de l'invention, art émi-
nemment individuel et intransmissible, est un don du
ciel que les livres n'octroient pas. Ce qui influe sur l'esprit des savants, et par suite sur le développement des
découvertes, ce sont, non pas les règles didactiques, dont
ils n'ont aucun souci, mais les doctrines générales, qui
les invitent à chercher dans telle ou telle direction, pour
infirmer ou confirmer telle ou telle préconception de
l'ordre idéal des choses. » (Ouv. cité, t. II, pp. 62 et 63.)

les connaissances acquises. Aussi le raisonnement
par l'absurde est aveugle : il instruit, mais
n'éclaire point; il entraîne la conviction; il fait
violence à l'esprit, il l'accable de sa rigueur; mais
il ne donne pas l'intuition claire de la vérité; il dé-
montre, il ne fait pas voir. Le raisonnement ne
laisse pas d'être instructif, alors qu'il ne fait que
dénoncer la contradiction et l'erreur. Les antino-
mies sont utiles . elles arrêtent à temps « les divagations des philosophes », elles sont « les véritables
garde-fous de la philosophie » (de Roberty). Or,
pour prouver la fausseté d'un principe par l'absurdité des conséquences, le raisonnement formel
suffit. Un tel raisonnement est comme une machine munie d'un signal avertisseur, lequel jette
l'alarme toutes les fois que la machine s'arrête
ou fonctionne mal. Le raisonnement machinal
vaut donc en lui-même, en tant qu'il est une habitude logique, et par ses résultats, en tant qu'il
permet le contrôle des notions acquises.

Ce raisonnement ne signale pas seulement l'erreur que les prémisses peuvent contenir; il développe encore les vérités qu'elles renferment. De
même que l'ouvrier n'est pas l'inventeur de la machine à l'aide de laquelle il produit des richesses,
le savant a reçu le plus souvent toute faite la méthode qu'il applique et au moyen de laquelle il

acquiert des connaissances nouvelles, et que l'inventeur de la méthode lui-même n'a point entrevues. Ainsi la science a ses manœuvres ; elle comporte un art routinier et mécanique, et c'est cet art qui met au jour les vérités de détail et développe les produits de la science. La pensée est sans doute à l'origine de toute science ; elle lui communique le mouvement et la vie, comme Dieu donne la chiquenaude au monde ; mais, si elle la commence, elle ne l'achève point ; elle l'abandonne aux lois du mécanisme mental, comme Dieu abandonne le monde aux lois du mouvement.

II

La pensée symbolique est logiquement fondée ; elle a des titres scientifiques ; Pascal a montré qu'elle se justifie en outre par des raisons d'ordre psychologique. « Nous sommes *automate* autant qu'*esprit*... l'instrument par lequel la persuasion se fait n'est pas la seule démonstration. » Il y a deux façons d'arriver à la vérité : les *preuves*, la *coutume*. « La coutume fait nos preuves les plus fortes et les plus crues ; elle entraîne l'automate, qui entraîne l'esprit sans qu'il y pense. » La coutume peut même être, à elle seule, le *principe* de la croyance : c'est elle qui fait tant de chrétiens,

les Turcs, les païens. Tout au moins elle *confirme*
la croyance obtenue par voie de raisonnement :
elle fait sa force, sa solidité. « Il faut avoir recours
à elle, quand une fois on a vu où est la vérité, car
d'en avoir les preuves toujours présentes, c'est
trop d'affaire. Il faut acquérir une croyance plus
facile, qui est celle de l'habitude, qui, sans violence, sans art, sans argument, nous fait croire
les choses et incline toutes nos puissances à cette
croyance, en sorte que notre âme y tombe naturellement. Quand on ne croit que par la force de
la conviction, et que l'automate est incliné à
croire le contraire, ce n'est pas assez. Il faut donc
faire croire nos deux pièces : *l'esprit, par les raisons qu'il suffit d'avoir vues une fois en sa vie,*
et l'*automate*, par la *coutume*, en ne lui permettant
pas de s'incliner au contraire (1). »

En d'autres termes, c'est une loi psychologique
que la pensée se transforme en symbolisme,
qu'elle cesse d'être réfléchie et consciente, et devienne une habitude aveugle. La raison de cette
loi est d'abord que la pensée est par elle-même va-
cillante et faible, et représente, au point de vue
physiologique, une acquisition superficielle et
instable ; mais elle est aussi que la pensée doit se

(1) Pascal, *Pensées*, X, 8, éd. Havet, Delagrave.

ménager et se renfermer dans son rôle. Si nous
devons en effet écarter de notre esprit toute pensée superflue, il convient que nous détournions
notre attention des vérités acquises et la réser-
vions pour celles qu'il nous reste à acquérir.
Quand nous savons commander à nos muscles,
nous ne dirigeons plus et ne surveillons plus l'exécution de nos mouvements; quand une fois nous
avons eu la claire intelligence d'une vérité, nous
n'avons pas non plus à nous en répéter les preuves;
la pensée se retire, son œuvre accomplie. Même,
selon A. Comte, c'est assez de retenir la vérité démontrée; il ne faut pas charger sa mémoire de la
démonstration. « A l'égard des démonstrations,
s'il est une chose à désirer, c'est que les théori-
ciens les oublient, et ne retiennent que les résultats (1). » Ce n'est pas méconnaître le prix des vérités acquises que de les tenir en quelque sorte
loin de son esprit, quand d'ailleurs on possède la
méthode qui permet de les retrouver au besoin, et
quand les mots nous restent qui nous permettent
de faire appel aux idées. Il n'y a aucun inconvénient à transférer la croyance de l'*esprit* à l'*automate*, quand on peut toujours revenir de la *coutume* à la *preuve*. La foi doit toujours être *démon-*

(1) Stuart Mill, *Auguste Comte et le positivisme*, tr. fr.,
p. 180. Félix Alcan.

trable, dit encore Auguste Comte, mais elle n'a aucun besoin d'être toujours *démontrée*. En d'autres termes, il faut s'en tenir aux résultats obtenus, et ne pas remettre sans cesse toutes choses en question.

Les problèmes que nous devons écarter de notre esprit ne sont pas seulement ceux sur lesquels la lumière a été faite, ce sont ceux sur lesquels la preuve a été acquise qu'elle ne saurait l'être. Le positivisme et le criticisme déclarent insolubles et non avenues les questions métaphysiques. Nous n'avons pas à entrer dans l'examen de ces systèmes; nous constatons qu'ils expriment un même vœu : c'est que le repos de l'esprit soit assuré à l'égard de l'*inconnaissable*, comme il l'est à l'égard du *connu*. Les philosophes qui ne craignent pas d'aborder les questions, réputées insolubles, sont ceux dont une fin de non-recevoir, opposée à ces questions, ne satisfait point la raison inquiète; ils cherchent par une autre voie l'apaisement de leurs doutes. Ils « tendent au repos », eux aussi, comme dirait Pascal, mais ils y tendent « par l'agitation ». Si en effet découvrir une vérité, c'est proprement livrer et gagner une bataille, le prix et le but de la bataille est sans doute de jouir de la paix qu'elle assure. Ainsi nous n'agitons de problèmes que pour trouver dans leur solution le repos, c'est-à-dire le droit de n'y plus penser. Descartes, dont le génie est fait de tranquille audace, estime que l'intelligence doit savoir prendre parti, et ne pas s'embarrasser ensuite de vains scrupules. Il ne faut pas que la grandeur de certains problèmes épouvante notre raison, la paralyse et lui donne le vertige. Ces problèmes, il ne faut pas les écarter d'emblée, mais au contraire les regarder en face et s'appliquer sérieusement à les résoudre ; cependant il ne conviendrait pas non plus de les retourner sans cesse et de s'y appesantir. C'est ainsi qu'ayant une fois satisfait ou cru satisfaire sa raison sur la question de l'union de l'âme et du corps, Descartes ne se tourmente plus et ne veut plus se tourmenter des doutes qui lui viennent ou qui lui sont présentés à ce sujet, soit qu'il tienne pour vraie la solution qu'il a adoptée, soit qu'il juge impossible d'en découvrir une meilleure. « Comme je crois, écrit-il à la princesse Élisabeth, qu'il est très nécessaire d'avoir compris une fois en sa vie les principes de la métaphysique, à cause que ce sont eux qui nous donnent la connaissance de Dieu et de notre âme, je crois aussi qu'il serait très nuisible d'occuper souvent son entendement à les méditer, à cause qu'il ne pourrait si bien vaquer aux fonctions de l'imagination et des sens, mais que le meilleur est de se contenter de retenir en sa mémoire et en sa créance les conclusions qu'on en a une fois tirées, pour employer le reste du temps qu'on a pour l'étude, aux pensées où l'entendement agit avec l'imagination et les sens (1). » Ainsi il y a, comme dit Comte, une *hygiène cérébrale*; à l'égard de certains problèmes, il est bon de mettre sa conscience en repos: « il ne faut pas s'agacer l'esprit. » (Renan.) On n'a pas à chercher ici quels sont les problèmes insolubles; on dit seulement que, s'il en est de tels, comme on n'en peut douter, il est bon de le savoir et de passer outre. Le positivisme et le criticisme, si discutables, et d'ailleurs si diverses qu'en soient les conclusions, ne sauraient compromettre, par l'application qu'ils en font, la loi d'hygiène intellectuelle qu'ils proclament.

Dans l'ordre pratique, plus encore que dans l'ordre spéculatif, la pensée est soumise à la loi d'économie. Quand, après avoir examiné de son mieux une question morale, on prend enfin parti, il faut tenir pour certaine, dit Descartes, la décision prise, alors même qu'elle ne l'est pas, car il faut que la pensée s'arrête, quand elle ne peut aller plus loin, et non pas seulement quand elle est sûre d'avoir atteint le but. C'est pourquoi la sagesse

(1) Descartes. *Œuvres philosophiques*, éd. Garnier, t. III, p. 253.

pratique est faite de préceptes que la raison ne
discute plus, que la coutume a consacrés. Ces
préceptes, c'est la raison sans doute qui primitivement les pose, en se réglant tantôt sur la certitude, tantôt sur la vraisemblance; mais c'est la
coutume qui les établit vraiment, qui en fait la
force, l'efficacité, et en partie même aussi la sain-
teté. La vie morale ne s'inspire qu'indirectement
de la raison; la coutume en est l'âme. Mœurs veut
dire habitudes. L'expérience de la vie et les réflexions qu'elle suggère font notre sagesse; nous
oublions le détail de cette expérience et nos propres réflexions; mais le branle communiqué à
notre âme demeure; et c'est là la sagesse.

Nous sommes partis de l'étude du psittacisme,
qui est un abus des mots. De l'abus nous sommes
remontés à l'usage. La critique du psittacisme
nous a conduits à la théorie de la pensée symbolique. Résumons cette théorie.

Il y a des choses, comme dit Aristote, qu'il vaut
mieux ne pas penser que penser. La conscience
est un luxe, et un luxe ruineux. Ainsi réfléchir sur
ses sensations, comme font le douillet, le gour-
mand, c'est les exagérer, les rendre morbides. Réfléchir sur ses sentiments, c'est parfois les déna-

turer, les flétrir : la pudeur qui s'analyse devient impudeur. Donner trop d'attention aux mouvements qu'on exécute, c'est les rendre pénibles et gauches. L'art de ménager sa pensée figure donc parmi les règles pour la direction de l'esprit.

Cet art est une des fonctions du langage. En effet, le langage n'est pas nécessairement et toujours une évocation des idées. *Notatio* n'est pas synonyme de *notio*. Exprimer une idée, c'est parfois en prendre note, en assurer, mais non en provoquer le rappel. Le langage peut être regardé comme un pouvoir d'arrêt ou de suspension des images. Plus généralement, il place les idées sous notre dépendance. L'art avec lequel nous manions les signes nous rend maîtres des idées, associées à ces signes. Nous pouvons ou insister sur le mot pour en faire jaillir l'idée, ou substituer le mot à l'idée. De même que la volonté, tantôt produit, tantôt arrête les mouvements, le langage tantôt remet les idées en lumière, tantôt les fait rentrer dans l'ombre.

Nous considérons ici le langage, non comme un appel à la pensée, mais comme une suppléance de la pensée, suppléance tantôt provisoire et partielle, tantôt définitive et totale. De même qu'une volonté faible s'épuise en ses actes et ne peut renouveler l'effort autrefois accompli, un esprit paresseux est souvent incapable de retrouver ses perceptions passées, et ne retient que les mots qui en marquent la trace . une telle déchéance de la pensée est le psittacisme. La pensée que nous avons appelée symbolique est au contraire une pensée qui demeure virtuelle ou latente sous les mots, et peut toujours se ressaisir : elle est comparable à une volonté forte, mais recueillie, concentrée sur elle-même. Elle est l'imagination qui se possède, non entravée, mais réglée dans sa marche. Essayons de ramener aux mêmes lois le psittacisme et la pensée symbolique.

On peut distinguer une forme spontanée et une forme scientifique du langage.

Le langage, qui est une création spontanée de l'esprit, se compose à l'origine de signes analogiques, onomatopées, etc., directement suggérés par les choses, et dont l'invention a coûté le moindre effort de réflexion. Ces signes sont une expression abrégée des choses : toute pensée en effet se limite, par cela seul qu'elle s'énonce ; on réduit toute idée, en vue de la rendre, à ses éléments essentiels ou typiques ; comme on ne peut tout dire, on ne note que ce qui frappe. Le langage est donc une simplification de la pensée. L'évolution du langage aboutit elle-même à une simplification de ses termes. Les mots s'usent, c'est-à-

dire qu'ils se dépouillent de leur sens, deviennent
abstraits et finalement vides. Dans le psittacisme,
qui est comme l'écueil où vient échouer le langage, se retrouve la loi naturelle qui préside aux
transformations du langage, et qu'on a appelée loi
d'économie ou du moindre effort.

La même loi gouverne les formes les plus hautes
de la pensée. C'est la paresse mentale qui engendre le psittacisme. C'est la réflexion qui y por-
tera remède. Mais la réflexion elle-même doit compter avec la paresse de l'esprit. Elle s'ingénie à
diminuer l'effort mental ; elle crée des symboles
de plus en plus simples. « Philosopher, c'est simplifier. Mais qu'est-ce que simplifier ?... C'est analyser d'abord, et ensuite comparer les résultats
de l'analyse pour les exprimer en formules générales. L'esprit obéit à la même loi, lorsqu'il
forme des idées simples ou lorsqu'il enchaîne des
idées simples dans un système simple. Passer du
confus et du compliqué au clair et au simple,
telle est la loi constante de nos développements
et de nos progrès (1). » La science est un langage,
et ce langage est l'expression, chaque jour plus
abréviative et plus simple, d'une réalité mieux
connue dans ses détails et dans sa complexité.

(1) Jules Simon, l'École. p. 349, Hachette.

En résumé, l'esprit est un : les symboles par lesquels l'homme traduit ses sensations, et ceux par lesquels il exprime les plus hautes vérités de la science, sont soumis aux mêmes lois. Quel que soit le travail auquel notre pensée s'applique, par réflexion ou par instinct, elle dirige, c'est-à-dire qu'elle adapte et limite son effort ; la marche de l'esprit, comme le mouvement des corps, suit toujours la ligne de la moindre résistance.

FIN

TABLE DES MATIÈRES

LIVRE I. — DU PSITTACISME.

LIVRE II. — LA PENSÉE SYMBOLIQUE.

10-85. — Tours, imp. E. ARRAULT ET Cie, 6, rue de la Préfecture

FÉLIX ALCAN, ÉDITEUR

Ouvrages cités dans ce livre

BASTIAN (Charlton). — *Le cerveau et la pensée*, 2 vol. in-8°, 2° éd. . . . . 12 fr. »

BERGSON. — *Essai sur les données immédiates de la conscience*, 1 vol. in-8° 3 75

BERKELEY. — *Théorie de la vision*, etc., trad. Beauvalon et Parodi, 1 vol. in-8° . . . . . . 5 »

CLAY. — *L'alternative*, traduction Burdeau, 1 vol. in-8°, 2° éd. . . . . 10 »

DESCARTES. — *Discours de la méthode*, édition Brochard, 1 vol. in-12, 4° éd. 1 25

EGGER. — *La parole intérieure*, 1 vol. in-8° . . 5 »

FOUILLÉE (Alfred). — *La liberté et le déterminisme*, 1 vol. in-8°, 2° éd. 7 50

HERBERT SPENCER. — *Les premiers principes*, 1 vol. in-8° . . . . 10 »

LYON (Georges). — *La philosophie de Hobbes*, 1 vol. in-12 . . . . 2 50

PASCAL. — *De l'esprit géométrique* etc., édition Robert, 1 vol. in-12. 1

RIBOT (Th.). — *Psychologie de l'attention*. 1 vol. in-12, 2° éd. 2 50

STUART MILL. — *Système de logique déductive et inductive*, 3° éd., 2 vol. in-8° . . . . . . 20 »

STUART MILL. — *Auguste Comte et le positivisme*, 1 vol. in-12, 4° éd. 2 50

Revue philosophique de la France et de l'étranger, dirigée par Th. Ribot, paraissant tous les mois, 21° année, 1896. Abonnements, un an du 1er janvier : Paris, 30 fr. ; départements et étranger, 33 fr. ; La livraison, 3 fr.

FÉLIX ALCAN, ÉDITEUR

BIBLIOTHÈQUE DE PHILOSOPHIE CONTEMPORAINE

109 VOLUMES IN-18.

Br., 2 fr. 50 ; cart. à l'angl., 3 fr. ; reliés, 4 fr.

Conta.
Fondements de la métaphysique.
John Lubbock.
Le bonheur de vivre. 2 vol.
Maus.
La justice pénale.
P. Siciliani.
Psychogénie moderne.
Leopardi.
Opuscules et Pensées.
A. Lévy.
Morceaux choisis des philosophes allemands.
Roisel.
De la substance.
Zeller.
Christian Baur et l'école de Tubingue.
Stricker.
Du langage et de la musique.
Coste.
Les conditions sociales du bonheur et de la force. 3e édition.
Binet.
La psychologie du raisonnement.
Introduction à la psychologie expérimentale.
G. Ballet.
Langage intérieur et aphasie. 2e éd.
Mosso.
La peur.
La fatigue intellectuelle et physique.
Tarde.
La criminalité comparée. 3e éd.
Les transformations du droit. 2e éd.
Paulhan.
Les phénomènes affectifs.
Ch. Richet.
Psychologie générale. 2e éd.
Delbœuf.
Matière brute et mat. vivante.
Ch. Féré.
Sensation et mouvement.
Dégénérescence et criminalité. 2e éd.
Vianna de Lima.
L'homme selon le transformisme.
L. Arréat.
La morale dans le drame, l'épopée et le roman. 2e édition.
Mémoire et imagination (peintres, musiciens, poètes et orateurs).
De Roberty.
L'inconnaissable.
L'agnosticisme.
La recherche de l'Unité.
Auguste Comte et Herbert Spencer

Bertrand.
La psychologie de l'effort.
Guyau.
La genèse de l'idée de temps.
Lombroso.
L'anthropologie criminelle. 2e éd.
Nouvelles recherches de psychiatrie et d'anthropologie criminelle.
Les applications de l'anthropologie criminelle.
Tissié.
Les rêves, physiologie et pathologie
Thamin.
Éducation et positivisme.
Sighele.
La foule criminelle.
Ploger.
Le monde physique.
Queyrat.
L'imagination chez l'enfant.
L'abstraction, son rôle dans l'éducation intellectuelle.
G. Lyon.
La philosophie de Hobbes.
Wundt.
Hypnotisme et suggestion.
Fonsegrive.
La causalité efficiente.
Th. Ziegler.
La question sociale est une question morale. 2e éd.
Louis Bridel.
Le droit des femmes et le mariage.
G. Danville.
La psychologie de l'amour.
Gust. Le Bon.
Lois psychologiques de l'évolution des peuples.
Psychol. des foules.
G. Dumas.
Les états intellectuels dans la mélancolie.
E. Durkheim.
Les règles de la méthode sociologique.
P.-F. Thomas.
La suggestion, son rôle dans l'éducation intellectuelle.
Mario Pilo.
La psychologie du beau et de l'art.
R. Allier.
Philosophie d'Ernest Renan.
Lange.
Les émotions (trad. Dumas).
Dugas.
La Psittacisme.

152 VOLUMES IN-8.

Brochés à 5, 7 50 et 10 fr.; cart. angl., 1 fr. de plus par vol. ; reliure, 2 fr.

Barni.

Morale dans la démocratie. 2° éd. 5 fr.

Agassiz.

De l'espèce et des classifications. 5 fr.

Stuart Mill.

La philosophie e Hamilton. 10 fr.
Mes mémoires. 5 fr.
Système de logique déductive et inductive. 3° édit. 2 vol. 20 fr.
Essais sur la Religion. 2° édit. 5 fr.

Herbert Spencer.

Les premiers principes. 10 fr.
Principes de psychologie. 2 vol. 20 fr.
Principes de biologie. 2 vol. 20 fr.
Principes de sociologie. 4 vol.
36 fr. 25
Essais sur le progrès. 5° éd. 7 fr. 50
Essais de politique. 3° éd. 7 fr. 50
Essais scientifiques. 2° éd. 7 fr. 50
De l'éducation physique, intellectuelle et morale. 10° édit. 5 fr.
Introduction à la science sociale.
10° éd. 6 fr.
Les bases de la morale évolutionniste. 5° éd. 6 fr.

Collins.

Résumé de la philosophie de Herbert Spencer. 2° éd. 10 fr.

Auguste Laugel.

Les problèmes. 7 fr. 50

Émile Saigey.

Les sciences au XVII° siècle. La physique de Voltaire. 5 fr.

Paul Janet.

Les causes finales. 3° édit. 10 fr.
Histoire de la science politique dans ses rapports avec la morale.
3° édit. augm., 2 vol. 20 fr.
Victor Cousin et son œuvre. 7 fr. 50

Th. Ribot.

L'hérédité psychologique. 4° édition. 7 fr. 50
La psychologie anglaise contemporaine. 3° éd. 7 fr. 50
La psychologie allemande contemporaine. 2° éd. 7 fr. 50

Alf. Fouillée.

La liberté et le déterminisme.
2° édit. 7 fr. 50
Critique des systèmes de morale contemporains. 3° éd. 7 fr. 50
La morale, l'art et la religion d'après M. Guyau. 2° éd. 3 fr. 75
L'avenir de la métaphysique fondée sur l'expérience. 5 fr.
L'évolutionnisme des idées-forces.
7 fr. 50
La psychologie des idées-forces.
2 vol. 15 fr.

Bain (Alex.).

La logique inductive et déductive.
2° édit. 20 fr.
Les sens et l'intelligence. 3° édit.
10 fr.
L'esprit et le corps. 5° édit. 6 fr.
La science de l'éducation. 7° éd. 6 fr.
Les émotions et la volonté. 10 fr.

Matthew Arnold.

La crise religieuse. 7 fr. 50

Flint.

La philosophie de l'histoire en Allemagne. 7 fr. 50

Liard.

La science positive et la métaphysique. 3° édit. 7 fr. 50
Descartes. 5 fr.

Guyau.

La morale anglaise contemporaine.
3° éd. 7 fr. 50
Les problèmes de l'esthétique contemporaine. 2° éd. 5 fr.
Esquisse d'une morale sans obligation ni sanction. 2° éd. 5 fr.
L'irréligion de l'avenir. 3° éd. 7 fr. 50
L'art au point de vue sociologique.
2° éd. 7 fr. 50
Hérédité et éducation. 2° éd. 5 fr.

Huxley.

Hume, sa vie, sa philosophie. 5 fr.

E. Naville.

La logique de l'hypothèse. 2° éd. 5 fr.
La physique moderne. 3° édit. 5 fr.
La définition de la philosophie. 5 fr.

Et. Vacherot.

Essais de philosophie critique. 7 fr. 50
La religion. 7 fr. 50

Marion.

La solidarité morale. 3ᵉ édit. 5 fr.

Schopenhauer.

Aphorismes sur la sagesse dans la
vie. 4ᵉ édit. 5 fr.
La quadruple racine du principe
de la raison suffisante. 5 fr.
Le monde comme volonté et représentation. 3 vol. 22 fr. 50

James Sully.

Le pessimisme. 2ᵉ éd. 7 fr. 50

Buchner.

Science et nature. 2ᵉ édition. 7 fr. 50

Egger (V.).

La parole intérieure. 5 fr.

Louis Ferri.

La psychologie de l'association, depuis Hobbes. 7 fr. 50

Maudsley.

La pathologie de l'esprit. 10 fr.

Séailles.

Essai sur le génie dans l'art. 5 fr.

Ch. Richet.

L'homme et l'intelligence. 2ᵉ édit.
10 fr.

Preyer.

Éléments de physiologie. 5 fr.
L'âme de l'enfant. 10 fr.

Wundt.

Éléments de psychologie physiologique. 2 vol., avec fig. 20 fr.

Ad. Franck.

La philosophie du droit civil. 5 fr.

Clay.

L'alternative. Contribution à la psychologie. 2ᵉ éd. 10 fr.

Bernard Perez.

Les trois premières années de l'enfant. 5ᵉ édit. 5 fr.
L'enfant de trois à sept ans. 3ᵉ éd.
5 fr.
L'éducation morale dès le berceau.
2ᵉ édit. 5 fr.
L'art et la poésie chez l'enfant. 5 fr.
Le caractère, de l'enfant à l'homme.
5 fr.

Lombroso.

L'homme criminel. 2 vol. et 1 atlas.
36 fr.
L'homme de génie, avec 11 pl. 10 fr.
Le crime politique et les révolutions
(en collaboration avec M. Laschi).
2 vol. 15 fr.

Sergi.

La psychologie physiologique, avec
40 fig. 7 fr. 50

Ludov. Carrau.

La philosophie religieuse en Angleterre, depuis Locke. 5 fr.

Piderit.

La mimique et la physiognomonie,
avec 95 fig. 5 fr.

Fonsegrive.

Le libre arbitre, sa théorie, son
histoire. 10 fr.

Roberty (E. de).

L'ancienne et la nouvelle philosophie. 7 fr. 50
La philosophie du siècle. 5 fr.

Garofalo.

La criminologie. 3ᵉ édit. 7 fr. 50
La superstition socialiste. 5 fr.

G. Lyon.

L'idéalisme en Angleterre au XVIIIᵉ
siècle. 7 fr. 50

Souriau.

L'esthétique du mouvement. 5 fr.
La suggestion dans l'art. 5 fr.

Fr. Paulhan.

L'activité mentale et les éléments
de l'Esprit. 10 fr.
Les caractères. 5 fr.

Barthélemy-Saint Hilaire.

La philosophie dans ses rapports
avec les sciences et la religion. 5 fr.

Pierre Janet.

L'automatisme psychologique.
2ᵉ édit. 7 fr. 50

Bergson.

Essai sur les données immédiates
de la conscience. 3 fr. 75

E. de Laveleye.

De la propriété et de ses formes
primitives. 4ᵉ édit. 10 fr.
Le gouvernement dans la démocratie. 2ᵉ éd., 2 vol. 15 fr.

Ricardou.

De l'idéal. 5 fr.

Sollier.

Psychologie de l'idiot et de l'imbécile. 5 fr.

Romanes.

L'évolution mentale chez l'homme. 7 fr. 50

Pillon.

L'année philosophique. 5 vol. 1890, 1891, 1892, 1893 et 1894. Chacun séparément. 5 fr.

Rauh.

Le fondement métaphysique de la morale. 5 fr.

Picavet.

Les idéologues. 10 fr.

Gurney, Myers et Podmore

Les hallucinations télépathiques. 2ᵉ éd. 7 fr. 50.

Jaurès.

De la réalité du monde sensible. 7 fr. 50

Arréat.

Psychologie du peintre. 5 fr.

L. Proal.

Le crime et la peine. 2ᵉ éd. 10 fr.
La criminalité politique. 5 fr.

G. Hirth.

Physiologie de l'art. 5 fr.

Dewaule.

Condillac et la psychologie anglaise contemporaine. 5 fr.

Bourdon.

L'expression des émotions et des tendances dans le langage. 5 fr.

L. Bourdeau.

Le problème de la mort. 7 fr. 50

Novicow.

Les luttes entre sociétés humaines. 10 fr.
Les gaspillages des sociétés modernes. 5 fr.

Durkheim.

De la division du travail social. 7 fr. 50

Payot.

L'éducation de la volonté. 2ᵉ édit. 5 fr.

Ch. Adam.

La philosophie en France (première moitié du XIXᵉ siècle). 7 fr. 50

H. Oldenberg.

Le Bouddha, sa vie, sa doctrine, sa communauté. 7 fr. 50

V. Delbos.

Le problème moral dans la philosophie de Spinoza et dans le Spinozisme. 10 fr.

M. Blondel.

L'action, essai d'une critique de la vie et d'une science de la pratique. 7 fr. 50

J. Ploger.

La vie et la pensée. 5 fr.
La vie sociale, la morale et le progrès. 5 fr.

Max Nordau.

Dégénérescence. 2 vol. 17 fr. 50

P. Aubry.

La contagion du meurtre. 2ᵉ édit. 5 fr.

G. Milhaud.

Les conditions et les limites de la certitude logique. 3 fr. 75

Brunschvicg.

Spinoza. 3 fr. 75

A. Godfernaux.

Le sentiment et la pensée. 5 fr.

Em. Boirac.

L'idée du phénomène. 5 fr.

L. Lévy-Bruhl.

La philosophie de Jacobi. 5 fr.

Fr. Martin.

La perception extérieure et la science positive. 5 fr.

G. Ferrero.

Les lois psychologiques du symbolisme. 5 fr.

B. Conta.

Théorie de l'ondulation universelle. 3 fr. 75

G. Tarde.

La logique sociale. 7 fr. 50
Les lois de l'imitation. 7 fr. 50

G. de Greef.

Le transformisme social. 7 fr. 50

Crépieux-Jamin.

L'écriture et le caractère. 7 fr. 50

J. Izoulet.

La cité moderne. 10 fr.

Beaunis et Binet.

L'année psychologique. 1ʳᵉ année, 1894. 10 fr.

10-85. — Tours, imp. E. ARRAULT et Cⁱᵉ

www.ingramcontent.com/pod-product-compliance
Lightning Source LLC
Chambersburg PA
CBHW070303290326
41930CB00040B/1898

* 9 7 8 2 0 1 2 7 9 7 3 9 0 *